斯维导图

注册会计师考试辅导用书·会计

斯尔教育　组编

電子工業出版社
Publishing House of Electronics Industry
北京·BEIJING

图书在版编目（CIP）数据

会计 / 斯尔教育组编. -- 北京 : 电子工业出版社, 2025. 2. -- (注册会计师考试辅导用书). -- ISBN 978-7-121-49634-9

Ⅰ. F230

中国国家版本馆CIP数据核字第2025VY5350号

责任编辑：张春雨
印　　刷：天津鸿景印刷有限公司
装　　订：天津鸿景印刷有限公司
出版发行：电子工业出版社
　　　　　北京市海淀区万寿路173信箱　　　　邮编：100036
开　　本：787×1092　1/16　　　印张：7.75　　　字数：316千字
版　　次：2025年2月第1版
印　　次：2025年2月第1次印刷
定　　价：50.00元

凡所购买电子工业出版社图书有缺损问题，请向购买书店调换。若书店售缺，请与本社发行部联系，联系及邮购电话：（010）88254888，88258888。

质量投诉请发邮件至zlts@phei.com.cn，盗版侵权举报请发邮件至dbqq@phei.com.cn。

本书咨询联系方式：faq@phei.com.cn。

目录

使用指南

- 新 新增内容
- 变 变动内容
- ● 背诵和记忆内容
- ● 关键词句

提示性、拓展性内容

第一章 总论

（考2分）

概述

会计人员职业道德

- （1）会计人员职业道德
  - ①坚持诚信，守法奉公 — 牢固树立诚信理念，以诚立身、以信立业，严于律己、心存敬畏。学法知法守法，公私分明、克己奉公，树立良好职业形象，维护会计行业声誉
  - ②坚持准则，守责敬业 — 严格执行准则制度，保证会计信息真实完整。勤勉尽责、爱岗敬业，忠于职守、敢于斗争，自觉抵制会计造假行为，维护国家财经纪律和经济秩序
  - ③坚持学习，守正创新 — 始终秉持专业精神，勤于学习、锐意进取，持续提升会计专业能力。不断适应新形势新要求，与时俱进、开拓创新，努力推动会计事业高质量发展
- （2）中国注册会计师职业道德
  - ①诚信 — 诚信是注册会计师行业存在和发展的基石，在职业道德基本原则中居于首要地位
  - ②客观公正 — 要求注册会计师不得由于偏见、利益冲突或他人的不当影响而损害自己的职业判断
  - ③独立性 — 独立性是鉴证业务的灵魂，是专门针对注册会计师从事审计和审阅业务、其他鉴证业务而提出的职业道德基本原则
  - ④专业胜任能力和勤勉尽责
  - ⑤保密
  - ⑥良好职业行为

会计基本假设

一般来说，法律主体必然是会计主体，但是会计主体不一定是法律主体

- （1）会计主体 — 指企业会计确认、计量和报告的空间范围
- （2）持续经营 — 指在可以预见的将来，企业将会按当前的规模和状态继续经营下去，不会停业，也不会大规模削减业务
- （3）会计分期 — 指将一个企业持续经营的生产经营活动划分为一个个连续的、间隔相同的期间
- （4）货币计量 — 指会计主体在财务会计确认、计量和报告时以货币计量，反映会计主体的生产经营活动

会计基础

- （1）企业会计的确认、计量和报告应当以权责发生制为基础
- （2）财务报告的目标是向财务报告使用者提供与企业财务状况、经营成果和现金流量等有关的会计信息，反映企业管理层受托责任履行情况，有助于财务报告使用者做出经济决策

总论

会计信息质量要求

- **可靠性**
  - (1) 可靠性要求企业应当以实际发生的交易或者事项为依据进行会计确认、计量和报告，如实反映符合确认和计量要求的会计要素及其他相关信息，保证会计信息真实可靠、内容完整
  - (2) 会计信息要有用，必须以可靠性为基础
- **相关性**（相关性以可靠性为基础）— 相关性要求企业提供的会计信息应当与投资者等财务报告使用者的经济决策需要相关，有助于投资者等财务报告使用者对企业过去、现在或者未来的情况作出评价或者预测
- **可理解性** — 可理解性要求企业提供的会计信息应当清晰明了，便于投资者等财务报告使用者理解和使用
- **可比性**
  - (1) 纵向可比 — 同一企业不同时期发生的相同或者相似的交易或者事项，应当采用一致的会计政策，不得随意变更
  - (2) 横向可比 — 不同企业同一会计期间发生的相同或者相似的交易或者事项，应当采用相同或相似的会计政策，确保会计信息口径一致、相互可比
- **实质重于形式**
  - (1) 合并范围的确定
  - (2) 金融负债与权益工具的区分
  - (3) 分期付款购买固定资产
  - (4) 具有重大融资成分的收入确认
  - (5) 附有追索权的票据贴现
  - (6) 控股股东或非控股股东的债务豁免（企业接受（非）控股股东［或（非）控股股东的子公司］直接或间接代为偿债、债务豁免或捐赠，应当将相关利得计入所有者权益（资本公积））
- **重要性**
  - (1) 重要性要求企业提供的会计信息应当反映与企业财务状况、经营成果和现金流量有关的所有重要交易或者事项
  - (2) 对单项金额不重大的金融资产或存货可以合并进行减值测试
  - (3) 对前期重大会计差错需要进行追溯重述
- **谨慎性**
  - (1) 谨慎性要求企业对交易或者事项进行会计确认、计量和报告时应当保持应有的谨慎，不应高估资产或者收益、低估负债或者费用
  - (2) 不高估资产 / 收益
    - ①计提资产减值准备
    - ②递延所得税资产确认时的限额限制
    - ③无法区分研究阶段的支出和开发阶段的支出，应将其所发生的研发支出全部费用化，计入当期损益
  - (3) 不低估负债 / 费用 — 对销售商品承担的保修义务确认预计负债
- **及时性** — 及时性要求企业对于已经发生的交易或者事项，应当及时进行确认、计量和报告，不得提前或者延后

- 会计要素
  - （1）资产
    - ①定义 — 企业过去的交易或者事项形成的、由企业拥有或者控制的、预期会给企业带来经济利益的资源
    - ②确认条件
      - a. 与该资源有关的经济利益很可能流入企业
      - b. 该资源的成本或者价值能够可靠计量
    - ③分类 — 根据流动性分为流动资产和非流动资产
    - ④资产价值含义区分
      - a. 资产的账面余额
        - 是指某资产科目账面上的实际余额，不扣除相关备抵科目的账面余额（如相关减值准备）
      - b. 资产的账面价值
        - 是指某资产科目的账面余额减去相关备抵科目后的余额
      - c. 资产的账面净值
        - 专门针对固定资产和无形资产而言，是指固定资产（无形资产）扣除累计折旧（累计摊销）后的余额，但不扣除固定资产（无形资产）减值准备
  - （2）负债
    - ①定义 — 企业过去的交易或者事项形成的、预期会导致经济利益流出企业的现时义务
    - ②确认条件
      - a. 与该义务有关的经济利益很可能流出企业
      - b. 未来流出的经济利益的金额能够可靠计量
    - ③分类 — 根据流动性分为流动负债和非流动负债
  - （3）所有者权益 — 来源构成
    - a. 所有者投入的资本
      - Ⅰ. 实收资本 / 股本
      - Ⅱ. 资本公积
    - b. 直接计入所有者权益的利得和损失 — 其他综合收益
    - c. 留存收益
      - Ⅰ. 盈余公积
      - Ⅱ. 未分配利润

资产 = 负债 + 所有者权益
（资产负债表）
（反映财务状况）

- 总论
  - 会计要素及计量属性
    - (4) 收入 — 企业在日常活动中形成的、会导致所有者权益增加的、与所有者投入资本无关的经济利益的总流入
    - (5) 费用 — 企业在日常活动中发生的、会导致所有者权益减少的、与向所有者分配利润无关的经济利益的总流出
    - (6) 利润
      - ①来源构成
        - a. 收入减去费用后的净额
        - b. 直接计入当期利润的利得和损失
      - ②与利润有关的概念的区分
        - a. 损益
          - Ⅰ. 损益一般可正可负
          - Ⅱ. 对损益的影响即是对净利润的影响
          - Ⅲ. 损益类会计科目发生额在贷方表示损益增加，在借方则表示损益减少
        - b. 营业利润
          - 营业利润 = 营业收入 − 营业成本 − 税金及附加 − 销售费用 − 管理费用 − 研发费用 − 财务费用 − 信用减值损失 − 资产减值损失 ± 公允价值变动收益（损失）± 净敞口套期收益（损失）± 投资收益（损失）± 资产处置收益（损失）+ 其他收益
        - c. 利润总额 — 利润总额 = 营业利润 + 营业外收入 − 营业外支出
        - d. 净利润 — 净利润 = 利润总额 − 所得税费用

收入 − 费用 = 利润
（利润表）
（反映经营成果）

    - 计量属性
      - (1) 历史成本 — 应用于绝大多数资产和负债，例如固定资产、无形资产等
      - (2) 重置成本 — 应用于固定资产、存货的盘盈
      - (3) 可变现净值 — 应用于存货的期末计量
      - (4) 现值 — 应用于分期付款购买资产、分期收款销售等
      - (5) 公允价值 — 应用于大多数金融资产及采用公允价值模式计量的投资性房地产的计量

总论

- **可持续性信息披露（ESG）** 新
  - 核心：关注企业环境（environmental）、社会（social）和公司治理（governance）等非财务绩效的投资理念和评价标准
  - 可持续信息的使用者、主要目标和基本原则
    - （1）使用者：包括投资者、债权人、政府及其有关部门和其他利益相关方。其中，投资者和债权人是可持续信息的基本使用者
    - （2）主要目标：向信息使用者提供重要的可持续风险、机遇和影响的信息，以便其作出经济决策、资源配置或者其他决策
    - （3）基本原则：重要性原则
  - 可持续信息披露的信息质量要求：可靠性、相关性、可比性、可验证性、可理解性、及时性
  - 可持续信息披露的核心要素：治理、战略、风险和机遇管理、指标和目标

笔记区

第二章 存货 （考2分）

存货

确认和初始计量

存货定义

（1）企业在日常活动中持有以备出售的产成品或商品，以及处在生产过程中的在产品、在生产过程或提供劳务过程中耗用的材料、物料等

（2）存货是报表项目而非会计科目

确认条件

（1）与该存货有关的经济利益很可能流入企业

（2）该存货的成本能够可靠计量

初始计量

（1）外购取得

①计入存货成本

- a. 购买价款 + 运输费、保险费、装卸费等
- b. 相关税费（关税、消费税、不可抵扣的进项税等）
- c. 为达到下一个生产阶段所必需的仓储费
- d. 运输途中的合理损耗
- e. 入库前的挑选整理费
- f. 季节性的停工损失
- g. 车间生产设备的修理费、折旧费等
- h. 停工停产期间计提的符合存货成本确认条件的固定资产折旧和无形资产摊销等 新

②不计入存货成本

- a. 非正常消耗的直接材料、直接人工和制造费用（例如：超定额的废品损失）
- b. 采购入库后发生的储存费用（为达到下一个生产阶段所必需的仓储费除外）
- c. 不能归属于使存货达到目前场所和状态的其他支出
- d. 企业采购用于广告营销活动的特定商品

（2）其他形式取得

①投资者投入存货的成本，按合同或协议约定的价值确定，但合同或协议约定价值不公允的应按该项存货的公允价值作为存货的初始入账成本。存货的公允价值与投资合同或协议约定的价值之间的差额计入资本公积 新

②盘盈的存货成本按其重置成本作为入账价值，按管理权限报经批准后，根据具体情况分别处理

③通过提供劳务取得的存货成本以直接人工、其他直接费用和归属于该存货的间接费用之和确定

（3）数据资源的会计处理

①外购取得：成本包括购买价款、相关税费、保险费，以及数据权属鉴证、质量评估、登记结算、安全管理等合理必要支出

②数据加工取得：成本包括采购成本，数据采集、脱敏、清洗、标注、整合、分析、可视化等加工成本和其他合理必要支出

后续计量

- 发出存货的计量方法
  - （1）计量方法：先进先出法、移动加权平均法、月末一次加权平均法、个别计价法
  - （2）可比性要求：上述方法一经选定，不得随意变更
  - （3）变更：会计政策变更应采用未来适用法进行账务处理

期末计量

- 存货跌价准备的计提
  - （1）资产负债表日，存货应当按照成本与可变现净值孰低计量（存货跌价准备期末余额）
  - （2）判断进一步加工为产品的原材料是否减值
    - ①产品是否发生减值
      - a. 产品未减值 — 则相关材料未减值
      - b. 产品减值 — 计算原材料是否减值
    - ②计算原材料是否减值
      - a. 原材料成本（题干信息）
      - b. 原材料可变现净值 = 产品售价 − 产品销售税费 − 进一步加工成本
        - Ⅰ. 有合同部分 — 按照合同价格来确认
        - Ⅱ. 无合同部分 — 按照市场售价来确认
      - c. 有合同部分和无合同部分应分别计算减值，不能合并汇总抵销

    产品销售发生的销售费用不仅包括销售存货过程中发生的增量成本，还应包括企业将在销售存货过程中必须发生的、除增量成本以外的其他成本，如销售门店发生的水电、摊销等费用
  - （3）可考查方向：计提跌价准备的金额、减值损失金额、存货跌价准备期末余额、影响损益金额
- 存货的清查盘点
  - （1）通过“待处理财产损溢”科目进行归集
  - （2）报批后
    - ①盘亏
      - a. 计量收发差错和管理不善原因 — 计入管理费用
      - b. 自然灾害等非常原因 — 计入营业外支出，无须将进项税额转出
      - c. 应收保险赔款或责任人赔款 — 计入其他应收款
    - ②盘盈（变）
      - a. 属于自然溢余的，要调整库存存货数量以及存货的单位成本
      - b. 属于重大会计差错的，按照《企业会计准则第28号—会计政策、会计估计变更和差错更正》进行会计处理
      - c. 属于其他原因导致的盘盈（如属于日常收发计量且不重大的差错）的，按重置成本冲减当期管理费用或计入营业外收入

笔记区

第三章 固定资产 （考2分）

- 固定资产
  - 确认和初始计量
    - 确认条件
      - （1）与该固定资产有关的经济利益很可能流入企业
      - （2）该固定资产的成本能够可靠计量
    - 初始计量
      - （1）外购
        - ①一般
          - a. 入账价值 = 买价 + 相关税费 + 装卸费 + 运输费 + 专业人员服务费等（区分员工培训费（不属于）与专业人员服务费（属于））
          - b. 若购置后需要安装，则需要先通过“在建工程”科目进行核算
        - ②特殊
          - a. “打包购买” — 按照各单项资产公允价值的相对比例进行分摊
          - b. 分期付款
            - Ⅰ. 固定资产入账价值 — 以各期付款额的现值之和为基础进行确定
            - Ⅱ. 未确认融资费用
              - · 以实际支付价款之和与现值之间的差额进行确定
              - · 根据期初长期应付款的账面价值（摊余成本）和实际利率确定当期应摊销的利息：资本化计入资产成本，费用化计入财务费用
            - Ⅲ. 长期应付款
              - · 以实际支付价款之和进行确定
              - · 按照合同约定偿还长期应付款（后续处理）
              - · 期末账面价值（摊余成本）= 期初价值 + 本期摊销利息 − 本期偿付金额（后续处理）
      - （2）自行建造
        - ①自营 — 盘盈、盘亏、报废、毁损
          - a. 工程建设期内 — 计入或冲减所建工程成本
          - b. 工程完工后 — 计入当期损益
        - ②出包 — 土地使用权
          - a. 购入时，计入无形资产成本
          - b. 建设期内，摊销额计入在建工程成本
          - c. 建设期结束后，摊销额计入管理费用等
        - ③试运行会计处理
          - a. 与试运行销售相关的收入和成本计入当期损益，而非以净额冲减固定资产成本
          - b. 测试固定资产可否正常运转发生的支出计入固定资产成本
        - ④高危行业计提安全生产费 — 计提时计入专项储备
          - a. 费用化支出：直接冲减专项储备
          - b. 资本化支出：购置的固定资产在当期一次性全额提足折旧

- (3) 其他方式
  - ①投资者投入应当按照投资合同或协议约定的价值确定，但合同或协议约定价值不公允的，应按公允价值将其作为固定资产的初始入账成本来确定。固定资产的公允价值与投资合同或协议约定的价值之间的差额计入资本公积 新
  - ②盘盈作为前期差错，在按管理权限报经批准处理前，应通过“以前年度损益调整”科目核算，并按重置成本确定其入账价值
- (4) 存在弃置义务的固定资产
  - ①核算科目：预计负债（现值）
    - 借：固定资产
    - 贷：预计负债等（弃置费用现值）

    对于预计负债的增加，增加该固定资产的成本。按照上述原则调整的固定资产，在资产剩余使用年限内计提折旧。一旦该固定资产的使用寿命结束，预计负债的所有后续变动应在发生时确认为损益。对于预计负债的减少，以该固定资产账面价值为限扣减固定资产成本。如果预计负债的减少额超过该固定资产账面价值，超出部分确认为当期损益 新
  - ②后续计量：按摊余成本与实际利率计提预计负债的利息，并计入财务费用
    - 借：财务费用
    - 贷：预计负债（期初摊余成本 × 实际利率）

后续计量

折旧

- (1) 以下情况不需要计提折旧
  - ①已提足折旧仍继续使用的固定资产
  - ②按照规定单独计价作为固定资产入账的土地
  - ③更新改造期间的固定资产
  - ④已划分为持有待售的固定资产
  - ⑤提前报废的固定资产
- (2) 方法
  - ①折旧方法：年限平均法、工作量法、双倍余额递减法、年数总和法
  - ②折旧要求：固定资产当月增加当月不提折旧，当月减少当月照提折旧
  - ③折旧提示：注意题目中会计年度和折旧年度不一致时固定资产折旧计算

  折旧方法一经选定，不得随意变更（可比性）。固定资产使用寿命、预计净残值和折旧方法的变更应当作为会计估计变更

后续支出

- (1) 主要包括更新改造支出和大修理支出
- (2) 资本化 — 改造后资产的入账价值 = 改造前的账面价值 + 改造支出 − 改造时被替换部分的账面价值
- (3) 费用化
  - ①与存货生产相关：计入存货成本（制造费用等）
  - ②与行政管理部门相关：计入管理费用
  - ③与销售部门相关：计入销售费用

固定资产

期末计量

- 终止确认
  - (1) 终止确认的条件
    - ①该固定资产处于处置状态（变）— 包括将固定资产划分为持有待售类别、出售、转让、报废或毁损、对外投资、非货币性资产交换、债务重组等情形
    - ②该固定资产预期通过使用或处置不能产生经济利益
  - (2) 处置的账务处理
    - ①将资产的账面价值转入“固定资产清理”科目
    - ②将发生的清理费用记入“固定资产清理”科目
    - ③企业收回的残料价值、获得的保险赔偿，应冲减固定资产清理科目
    - ④确认清理损益
      - a. 出售、投资、交换、债务重组等 — 资产处置损益（影响营业利润）
      - b. 报废、毁损 — 营业外收支（影响利润总额）
- 清查
  - (1) 盘盈
    - ①作为前期差错处理，通过“以前年度损益调整”科目核算，最终转入留存收益
    - ②按重置成本确定其入账价值
  - (2) 盘亏 — 通过“待处理财产损溢”科目核算

笔记区

第四章 无形资产

（考2分）

无形资产

- **确认**
  - 专利权、非专利技术、商标权、著作权、特许权、土地使用权等
  - 企业内部产生的品牌、报刊名等，其成本无法可靠计量，不属于无形资产
  - 商誉不具有可辨认性，不属于无形资产
  - 合并形成的无形资产
    - （1）同控 — 按照被合并方无形资产的账面价值作为合并基础确认
    - （2）非同控
      - ①原则：按照购买日的公允价值入账
      - ②内容
        - a. 被购买企业原已确认的无形资产
        - b. 被购买企业原未确认的无形资产，但其公允价值能够可靠计量
  - 土地使用权
    - （1）用于自行开发建造厂房等 — 无形资产
    - （2）房地产开发企业用于建造对外出售的商品房 — 存货
    - （3）已经出租或持有以备增值后转让的土地 — 投资性房地产
    - （4）外购房屋建筑物支付价款中包含土地使用权价款的
      - ①房地价值能够合理分配 — 无形资产
      - ②房地价值难以区分 — 固定资产
- **初始计量**
  - 外购
    - （1）购买价款 + 相关税费 + 直接归属于使无形资产达到预定用途所发生的其他支出
      - · 使无形资产达到预定用途所发生的专业服务费用
      - · 测试无形资产是否能够正常发挥作用的费用
    - （2）不能计入无形资产成本的支出
      - ①为引入新产品进行宣传发生的广告费、管理费用及其他间接费用
      - ②无形资产已经达到预定用途以后发生的费用
    - （3）购入无形资产超过正常信用条件延期支付价款，实质上具有融资性质的支出（同固定资产）
      - ①以无形资产购买价款的现值为基础计量其成本
      - ②现值与应付价款之间的差额计入未确认融资费用
      - ③付款期间按实际利率法确认利息费用
    - （4）外购取得作为无形资产核算的数据资源——其成本包括购买价款，相关税费，数据脱敏、清洗、标注、整合、分析、可视化等加工过程所发生的支出，数据权属鉴证、质量评估、登记结算、安全管理等合理必要支出

- 自行研发
  - （1）费用化阶段 —— ①研究阶段 ②不符合资本化条件的开发阶段 —— 会计处理
    - Ⅰ．归集支出
      - 借：研发支出——费用化支出
      - 贷：银行存款等
    - Ⅱ．期末结转
      - 借：管理费用
      - 贷：研发支出——费用化支出
    - Ⅲ．报表列报 —— 在利润表中单独列报为“研发费用”项目
  - （2）资本化阶段 —— 符合资本化条件的开发阶段 —— 会计处理
    - Ⅰ．归集支出
      - 借：研发支出——资本化支出
      - 贷：银行存款等
    - Ⅱ．年末研发项目达到预定可使用状态
      - 借：无形资产
      - 贷：研发支出——资本化支出
    - Ⅲ．年末研发项目未达到预定可使用状态 —— 期末转入资产负债表“开发支出”项目

易错易混点：

- 难以区分研究阶段的支出和开发阶段的支出，应将其所发生的研发支出全部费用化
- 同一项无形资产在开发过程中达到资本化条件之前已经费用化计入当期损益的支出不再进行调整

- 投资者投入（新）—— 按照投资合同或协议约定的价值确定，合同或协议约定价值不公允的，按公允价值入账，无形资产的公允价值与投资合同或协议约定的价值之间的差额计入资本公积
- 通过政府补助取得 —— 按公允价值计量，无法可靠取得公允价值的，按名义金额（1 元）计量

后续计量

- 摊销
  - （1）范围
    - ①使用寿命不确定的无形资产无须计提摊销
    - ②无法可靠确定其预期消耗方式的，应采用直线法进行摊销
  - （2）时间
    - ①当月增加，当月开始摊销
    - ②当月减少，当月不再摊销
- 减值
  - （1）无论是否存在减值迹象，至少应当于每年年末进行减值测试的资产
    - ①企业合并形成的商誉
    - ②使用寿命不确定的无形资产
    - ③尚未达到预定可使用状态的无形资产
  - （2）减值一经计提不得转回

处置

- 出售 —— 差额计入资产处置损益，期末影响营业利润
- 报废 —— 计入营业外支出，期末影响利润总额

第五章 投资性房地产

（考 2 分）

- 投资性房地产
  - 基础知识
    - 范围
      - （1）已出租的土地使用权
      - （2）持有并准备增值后转让的土地使用权
      - （3）已出租的建筑物
    - 不属于投资性房地产
      - （1）企业拥有并自行经营的旅店或饭店（作为固定资产核算）
      - （2）企业持有的准备建造办公楼等建筑物的土地使用权（作为无形资产核算）
      - （3）房地产开发企业持有并准备增值后出售的商品房（作为存货核算）
      - （4）出租给本企业职工居住的自建宿舍楼（作为固定资产核算）
      - （5）不能单独计量和出售的、用于赚取租金或资本增值的部分（作为原核算内容核算）
      - （6）租入后再转租的房地产（作为使用权资产核算）
    - 转换日的确定
      - （1）投资性房地产转为自用 — 房地产达到自用状态，企业将其用于生产产品、提供劳务或经营管理的日期
      - （2）投资性房地产转为存货 — 租赁期届满、企业董事会或类似机构作出书面决议明确表明将其重新开发用于对外销售的日期
      - （3）非投资性房地产（自用、存货）转为投资性房地产 — 租赁期开始日
  - 初始计量
    - 初始计量
      - （1）外购
        - ①购买价款 + 相关税费 + 可直接归属于该资产的其他支出
        - ②购入的房地产部分用于出租、部分自用，按各部分公允价值比例分摊
      - （2）自行建造
        - ①达到预定可使用状态前发生的必要支出
        - ②建造过程中发生的非正常性损失，直接计入当期损益
      - （3）非投资性房地产转为投资性房地产
        - ①后续计量采用成本模式 — 转换日账面价值
        - ②后续计量采用公允价值模式 — 转换日公允价值
    - 后续支出
      - （1）资本化的后续支出
        - ①再开发期间支出计入投资性房地产成本
        - ②再开发期间不计提折旧或摊销
      - （2）费用化的后续支出 — 发生时计入其他业务成本
    - 后续计量
      - （1）会计科目 — 投资性房地产、投资性房地产累计折旧、投资性房地产累计摊销、投资性房地产减值准备
      - （2）取得的租金收入计入其他业务收入
      - （3）计提折旧 / 摊销，计入其他业务成本
      - （4）计提减值计入资产减值损失，减值一经计提不得转回
      - （5）计量模式变更 — 成本模式变更为公允价值模式，属于会计政策变更，差额调整留存收益

成本模式

- 转换 — 总原则为“对着转”
- 处置 — 按照处置日收到的价款确认其他业务收入，按照处置日账面价值结转其他业务成本

公允价值模式

- 后续计量
  - （1）会计科目 — 投资性房地产——成本、投资性房地产——公允价值变动
  - （2）取得的租金收入计入其他业务收入
  - （3）不计提折旧 / 摊销 / 减值
  - （4）确认公允价值变动，计入公允价值变动损益
  - （5）计量模式变更 — 公允价值模式不得变更为成本模式
- 转换
  - （1）差额计入其他综合收益的情形 — 非投资性房地产转换为投资性房地产时，公允价值＞账面价值
  - （2）差额计入公允价值变动损益的情形
    - ①非投资性房地产转换为投资性房地产时，公允价值＜账面价值
    - ②投资性房地产转换为非投资性房地产时，公允价值≠账面价值
- 处置
  - （1）按处置日账面价值结转至其他业务成本
  - （2）结转持有期间产生的其他综合收益至其他业务成本，会导致损益增加
  - （3）结转持有期间产生的公允价值变动损益至其他业务成本，不影响损益

投资性房地产业务对损益的影响

核算模式/阶段			影响报表项目	对利润的影响
租金收入			营业收入	+
成本模式后续计量	计提折旧 / 摊销		营业成本	−
	计提减值		资产减值损失	−
公允价值模式后续计量	期末公允价值变动		公允价值变动收益	±
公允价值模式投资性房地产转换	自用资产转为投资性房地产	贷方差额	其他综合收益	无影响
		借方差额	公允价值变动收益	−
	投资性房地产转为自用资产		公允价值变动收益	±
处置	处置价款		营业收入	+
	成本结转	成本模式	营业成本	−
		公允价值模式	营业成本	
			公允价值变动收益、营业成本	无影响
			其他综合收益、营业成本	+

第六章 长期股权投资与合营安排

（考 4 ~ 6 分）

长期股权投资与合营安排

股权投资分类

- 金融工具准则
  - （1）以公允价值计量且其变动计入当期损益的金融资产（交易性金融资产）
  - （2）指定为以公允价值计量且其变动计入其他综合收益的金融资产（其他权益工具投资）
- 长期股权投资准则（影响程度）
  - （1）对联营企业投资
    - ①投资方对被投资方施加重大影响（重大影响：有参与财务和生产决策的权力，但不能控制或与其他方共同控制这些政策的制定）
    - ②表现形式
      - a. 在被投资单位的董事会或类似权力机构中派有代表，并享有实质性的参与决策权
      - b. 不考虑其他因素，一般为 20% 以上但低于 50%
    - ③考虑因素
      - a. 自身持有的股权
      - b. 通过子公司间接持有的股权
      - c. 可转换为对被投资单位股权的其他潜在因素
  - （2）对合营企业投资
    - ①先判断是否属于合营安排
      - a. 定义：两个或两个以上参与方共同控制的安排
      - b. 特征：共同控制
        - Ⅰ. 满足集体控制 — 能够联合起来控制该安排，且使得参与方数量最少的一个或几个参与方组合（该组合很可能不止一个）
        - Ⅱ. 当且仅当相关活动的决策要求集体控制该安排的参与方一致同意时，才存在共同控制（“一致同意”强调对所有重大决策予以否决的权力）
        - Ⅲ. 形成共同控制的参与方组合应当为数量最少且唯一的组合
      - c. 特殊说明 — 参与方为合营安排提供担保的行为本身并不直接导致一项安排被分类为共同经营
      - d. 分类
        - Ⅰ. 共同经营 — 合营方享有该安排相关资产且承担该安排相关负债
        - Ⅱ. 合营企业 — 合营方仅对该安排的净资产享有权利
    - ②再判断是否属于合营企业
      - a. 该合营安排是否通过单独主体达成
        - Ⅰ. 否→共同经营
        - Ⅱ. 是→下一步
      - b. 基于法律形式、合同安排以及其他事实和情况，进一步判断
        - Ⅰ. 对资产享有权利，对负债承担义务→共同经营
        - Ⅱ. 对净资产享有权利→合营企业

- (3) 对子公司投资 — 对被投资单位施加控制
  - b. 通过参与相关活动享有可变回报
  - c. 有能力运用权力影响回报金额

会计处理

以非企业合并方式形成（重大影响、共同控制）

- (1) 初始计量
  - ①初始投资成本 = 付出对价的公允价值 + 相关交易费用（审计费、评估费、法律服务费等）
  - ②与发行权益性证券相关的手续费、佣金等费用冲减“资本公积——股本溢价”，不足冲减的，应冲减盈余公积和未分配利润
- (2) 后续计量（权益法）
  - ①对初始投资成本的调整 — 初始投资成本与被投资方可辨认净资产公允价值份额的对比（大于不调；小于调，差额计入营业外收入）
  - ②被投资方实现净利润
    - a. 被投资单位编制合并财务报表的，应当以合并财务报表中的净利润变动中归属于被投资单位的金额为基础进行会计处理（新）
    - b. 投资时点在期中 — 注意题干是否分段给出被投资方利润，以及是否提示“被投资方利润均匀实现”
    - c. 购买日被投资方净资产账面价值≠公允价值
      - Ⅰ. 以公允价值为基础对被投资单位的净利润进行调整
      - Ⅱ. 存货评估增值
        - 调整后净利润 = 被投资方账面净利润 − 评估增值金额 × 对外出售比例
      - Ⅲ. 固定资产、无形资产评估增值
        - 调整后净利润 = 被投资方账面净利润 − 评估增值金额 / 预计剩余使用年限（增值部分本期折旧）
    - d. 投资方与被投资方发生的未实现内部交易损益
      - Ⅰ. 站在整体的角度，将未实现内部交易损益的影响在被投资单位的净利润中进行调整
      - Ⅱ. 内部存货交易（存货通过向独立第三方出售而实现内部交易损益）
        - 第 1 年调整后净利润 = 被投资方账面净利润 − 内部留存比例 × 内部交易毛利
        - 第 2 年调整后净利润 = 被投资方账面净利润 + 内部交易毛利 × 本年度出售比例
      - Ⅲ. 内部固定资产交易（固定资产通过后续折旧实现内部交易损益）
        - 第 1 年调整后净利润 = 被投资方账面净利润 − 内部交易毛利 + 内部交易毛利 / 预计使用年限
        - 第 2 年调整后净利润 = 被投资方账面净利润 + 内部交易毛利 / 预计使用年限

在个别报表中：无须辨别是顺流交易还是逆流交易

长期股权投资与合营安排

会计处理

- 以非企业合并方式形成（重大影响、共同控制）
  - （2）后续计量（权益法）
    - ③被投资方宣告发放现金股利 — 冲减“长期股权投资——损益调整”科目金额，而非确认投资收益
      - 借：应收股利
      - 贷：长期股权投资——损益调整
    - ④被投资方实现其他综合收益 — 按照持股比例计入其他综合收益，着重关注其能否重分类进损益
    - ⑤被投资方实现其他权益变动 — 按照持股比例计入资本公积——其他资本公积
    - ⑥长期股权投资减值 — 计入资产减值损失，且一经计提不得转回
    - ⑦超额亏损
      - a. 减记长期股权投资的账面价值
      - b. 冲减长期应收款等账面价值
      - c. 确认预计负债
      - d. 在备查簿上登记
      - 利润恢复时反向冲回，即按顺序分别借记“长期应收款”“长期股权投资”等科目，贷记“投资收益”或“其他综合收益”科目 新
- 以企业合并方式形成（控制）
  - （1）初始计量
    - ①非同控 — 初始投资成本 = 付出对价的公允价值
    - ②同控
      - a. 初始投资成本 = 被合并方在最终控制方合并财务报表中的净资产账面价值的份额 + 最终控制方收购时形成的商誉
      - b. 初始投资成本与付出对价之间的差额，应调整资本公积（资本溢价或股本溢价）；资本公积不足冲减的，调整留存收益
    - 交易费用
      - 审计、评估咨询、法律服务等计入当期损益（管理费用）
      - 为发行权益性证券支付给承销机构的手续费、佣金冲减资本公积，不足冲减的，冲减留存收益
  - （2）后续计量（成本法）
    - ①被投资方宣告发放现金股利确认投资收益
      - 借：应收股利
      - 贷：投资收益
    - ②长期股权投资减值 — 计入资产减值损失，且一经计提不得转回

- （1）公允价值计量转换为权益法
  - ①初始投资成本 = 原投资公允价值 + 新增投资公允价值
    - 与被投资单位可辨认净资产公允价值份额进行比较，初始投资成本大时不调，初始投资成本小时调整当期营业外收入
  - ②原投资类别
    - a. 原投资为交易性金融资产 — 公允价值与账面价值的差额计入投资收益
    - b. 原投资为其他权益工具投资
      - Ⅰ. 公允价值与账面价值的差额计入留存收益
      - Ⅱ. 持有期间产生的其他综合收益转至留存收益

- 转换
  - 增资
    - (2) 公允价值计量转换为成本法
      - ①同控
        - b. 初始投资成本（同一次交易形成同一控制下企业合并）= 被合并方在最终控制方合并报表中的净资产账面价值的份额 + 最终控制方收购时形成的商誉
        - c. 差额计入资本公积，资本公积不足冲减时，冲减留存收益

          借：长期股权投资
          　贷：×× 资产
          　　交易性金融资产 / 其他权益工具投资
          借方差额：资本公积——资本溢价或股本溢价、盈余公积、利润分配
          贷方差额：资本公积——资本溢价或股本溢价
        - d. 其他权益工具投资在持有期间的其他综合收益暂不进行会计处理
      - ②非同控
        - a. 初始投资成本 = 原投资公允价值 + 新增投资公允价值
        - b. 原投资类别
          - Ⅰ. 原投资为交易性金融资产
            - 公允价值与账面价值的差额计入投资收益
          - Ⅱ. 原投资为其他权益工具投资
            - · 公允价值与账面价值的差额计入留存收益
            - · 持有期间产生的其他综合收益转至留存收益
    - (3) 权益法转换为成本法
      - ①同控
        - a. 初始投资成本（同一次交易形成同一控制下企业合并）= 被合并方在最终控制方合并报表中的净资产账面价值的份额 + 最终控制方收购时形成的商誉
        - b. 差额计入资本公积，资本公积不足冲减时，冲减留存收益
      - ②非同控 — 初始投资成本 = 原投资账面价值 + 新增投资公允价值
      - ③购买日之前因权益法形成的“其他综合收益”“资本公积——其他资本公积”暂不作处理
  - 减资
    - (1) 成本法转为权益法
      - ①处置部分确认投资收益 — 投资收益 = 处置部分收到价款 − 处置部分长期股权投资账面价值
      - ②剩余部分（追溯调整为权益法）— a. 成本
        - Ⅰ.（成本法账面价值）剩余长期股权投资成本
        - Ⅱ.（权益法计算账面价值）按照剩余持股比例计算原投资时应享有被投资单位可辨认净资产公允价值的份额

        比较
        - Ⅰ > Ⅱ 时不调整
        - Ⅰ < Ⅱ 时调整留存收益（以前年度）或营业外收入（当期）

          借：长期股权投资——投资成本
          　贷：营业外收入（当年）
          　　利润分配——未利润分配等（以前年度）

长期股权投资与合营安排

- **转换**
  - 减资
    - （1）成本法转为权益法 — ②剩余部分（追溯调整为权益法）
      - b. 损益、权益变动（按照剩余投资比例确认）
        - Ⅰ. 净利润 — 根据净损益实现期间
          - 借或贷：长期股权投资——损益调整
          - 贷或借：投资收益（当年）
          - 利润分配——未利润分配等（以前年度）
        - Ⅱ. 其他综合收益
          - 借或贷：长期股权投资——其他综合收益
          - 贷或借：其他综合收益
        - Ⅲ. 其他所有者权益变动
          - 借或贷：长期股权投资——其他权益变动
          - 贷或借：资本公积——其他资本公积
      - c. 股利
        - Ⅰ. 以前年度
          - 借：利润分配——未利润分配等
          - 贷：长期股权投资——损益调整
        - Ⅱ. 当年
          - 借：投资收益
          - 贷：长期股权投资——损益调整
    - （2）成本法转为公允价值计量
      - ①跨准则，视同原投资全部处置，并按公允价值将剩余投资回购
      - ②处置部分 — 投资收益 = 处置部分收到价款 − 处置部分长期股权投资账面价值
      - ③剩余部分 — 投资收益 = 剩余部分公允价值 − 剩余部分长期股权投资账面价值
    - （3）权益法转为公允价值计量
      - ①跨准则，视同原投资全部处置，并按公允价值将剩余投资回购
      - ②处置部分 — 投资收益 = 处置部分收到价款 − 处置部分长期股权投资账面价值
      - ③剩余部分 — 投资收益 = 剩余部分公允价值 − 剩余部分长期股权投资账面价值
      - ④持有期间产生的其他综合收益 — 全部予以转出至投资收益 / 留存收益
      - ⑤持有期间产生的资本公积 — 全部转出至投资收益

    权益法减资仍为权益法的情形
    - 处置部分 — 投资收益 = 处置部分收到价款 − 处置部分长期股权投资账面价值
    - 持有期间其他综合收益、资本公积 — 按照处置比例相应结转至留存收益 / 投资收益
  - 被动稀释
    - （1）权益法→权益法
      - 相关“内含商誉”的结转应当比照投资方直接处置长期股权投资处理，并将股权稀释影响计入资本公积——其他资本公积
        - 借：长期股权投资
        - 贷：资本公积——其他资本公积

借：长期股权投资
贷：投资收益

特殊规定

- （2）成本法→权益法
  - ①投资收益 = 增资扩股增加净资产 × 新持股比例 − 原长期股权投资账面价值 / 原持股比例 × 原持股比例下降部分
  - ②对剩余部分进行追溯调整，调整方式同成本法转为权益法核算
- 同时涉及自最终控制方购买控制性权益及自其他外部独立第三方购买股权（集团内部购买 60%，外部购买 40%）
  - （1）集团内部取得的控制性权益 — 股权投资成本的确定按照同一控制下企业合并有关规定处理
  - （2）自外部独立第三方购买的非控制性权益（不构成“一揽子交易”） — 按照实际支付的购买价款确认长期股权投资购买成本
- 合营方向联营（合营）企业投出非货币性资产
  - （1）同权益法核算下投资方与合营（联营）企业发生的顺流交易的会计处理
  - （2）仅确认属于合营（联营）企业其他投资方的利得或损失

笔记区

第七章 资产减值

（考 2 分）

资产减值

概述

- 适用范围
  - （1）不减值
    - ①以公允价值计量且其变动计入当期损益的金融资产（交易性金融资产）
    - ②指定为以公允价值计量且其变动计入其他综合收益的金融资产（其他权益工具投资）
    - ③以公允价值模式进行后续计量的投资性房地产
  - （2）可以转回
    - ①应收账款、债权投资　借：信用减值损失　贷：坏账准备 / 债权投资减值准备
    - ②其他债权投资　借：信用减值损失　贷：其他综合收益
    - ③合同资产　借：资产减值损失　贷：合同资产减值准备
    - ④持有待售资产、递延所得税资产
  - （3）不得转回
    - ①固定资产、无形资产、使用权资产
    - ②以成本模式计量的投资性房地产
    - ③长期股权投资、商誉
  - （4）每年年度终了需进行减值测试的资产
    - ①企业合并形成的商誉
    - ②使用寿命不确定的无形资产
    - ③尚未达到可使用状态的无形资产
- 基本原理（谨慎性）
  - （1）账面价值
  - （2）可收回金额（孰高）
    - ①对外出售：公允价值 − 处置费用
    - ②持续使用：预计未来现金流量现值
      - a. 当前状况为基础
        - Ⅰ. 尚未承诺重组（不考虑）
        - Ⅱ. 未来改良支出（不考虑）
      - b. 筹资活动的现金流量（不考虑）
      - c. 所得税收付（不考虑）
      - d. 通货膨胀和折现率一致
      - e. 内部转移价格需进行调整

应用

- 外币资产减值测试（先折现，后按汇率折算）
  - (1) 以外币为基础预计其未来现金流量，并按外币使用的折现率计算资产的现值
  - (2) 外币现值按当日即期汇率折算为记账本位币表示的资产未来现金流量的现值
  - (3) 确认资产减值损失
- 总部资产减值
  - 总部资产
    - 能够分摊至资产组 → 将总部资产分摊至资产组 → 含总部资产价值的各资产组账面价值与可收回金额进行比较 → 若减值，则将减值损失分摊至总部资产和资产组本身 → 计算资产组中各单项资产的减值损失
    - 不能够分摊至资产组
      - 在不考虑相关总部资产的情况下，估计和比较资产组的账面价值和可收回金额，计算资产组的账面价值
      - 不能分摊的总部资产的账面价值
      - → 确定资产组组合是否减值，若减值，则将减值损失分摊至总部资产和资产组，再计算资产组中各单项资产的减值损失
- 控股合并下商誉减值测试
  - (1) 含商誉资产组可收回金额
  - (2) 含商誉资产组账面价值
    - ①可辨认净资产账面价值
      - a. 题目直接指定
      - b. 结合合并报表考查，商誉产生于非同一控制下企业合并，此价值应按购买日子公司净资产公允价值持续计算
    - ②完全（100%）商誉价值
      - a. 控股权商誉价值 = 合并成本 − 享有子公司可辨认净资产公允价值的份额
      - b. 整体商誉价值 = 控股权商誉价值 / 控股股东持股比例
  - (3) 确定减值后（借：资产减值损失 贷：商誉）
    - ①先冲减商誉价值（目前我国商誉的确认采用母公司理论，即合并报表中仅体现母公司商誉，在确认减值时需关注母公司持股比例）
    - ②按比例抵减其他资产价值

第八章 负债

（考 2 分）

- 负债
  - 流动负债
    - 应付账款 — 债务豁免 — 控股股东 / 非控股股东：基于实质重于形式的原则，将交易作为权益性交易，计入资本公积
    - 应交税费
      - （1）增值税
        - ①允许在增值税应纳税额中全额抵减
          - a. 初次购买增值税税控系统专用设备支付的费用
          - b. 缴纳的技术维护费
          - 会计处理：
            一般纳税人
            借：应交税费——应交增值税（减免税款）
            　贷：管理费用等
            小规模纳税人
            借：应交税费——应交增值税
            　贷：管理费用等
        - ②影响“其他收益”的增值税情形
          - a. 当期直接减免的增值税（不属于政府补助）
          - b. 当期按规定即征即退的增值税（属于政府补助）
          - 会计处理：
            借：应交税费——应交增值税
            　贷：其他收益
      - （2）消费税
        - ①收回后直接出售
          借：委托加工物资
          　贷：税金及附加
        - ②收回后连续生产应税消费品
          借：应交税费——应交消费税
          　贷：税金及附加
      - （3）其他税种
        - ①资源税、房产税、城镇土地使用税、车船税、城市维护建设税、教育费附加
          借：税金及附加
          　贷：应交税费
        - ②印花税（变）
          - a. 发生印花税纳税义务时
            借：税金及附加
            　贷：应交税费
          - b. 申报缴纳税款时
            借：应交税费
            　贷：银行存款
          - c. 采用粘贴印花税票方式缴纳
            借：税金及附加
            　贷：银行存款
          - d. 期末，如果购买的印花税票仍有余额，可以列报于资产负债表的“其他流动资产”等项目

- ③土地增值税
  - a. 非房地产开发企业
    - 借：资产处置损益
      贷：应交税费——应交土地增值税
  - b. 房地产开发企业
    - 借：税金及附加
      贷：应交税费——应交土地增值税
- 应付股利
  - （1）现金股利
    - ①股东会或类似机构批准
      - 借：利润分配
        贷：应付股利
    - ②董事会或类似机构通过 — 不应确认负债，但应在附注中披露
  - （2）股票股利
    - ①宣告时：无须会计处理
    - ②发放时
      - 借：利润分配
        贷：股本

非流动负债

- 应付债券
  - （1）一般债券
    - ①发行时
      - 借：银行存款
        贷：应付债券——面值（债券面值）
        差额：应付债券——利息调整（折价借方、溢价贷方）
    - ②每期计提利息时
      - 借：在建工程、研发支出（资本化利息）
        财务费用（费用化利息）
        贷：应付债券——应计利息（债券面值 × 票面利率）
        差额：应付债券——利息调整
    - ③支付利息时（变）
      - 借：应付债券——应计利息
        贷：银行存款等
      - 对于已过付息期但尚未支付的利息：
        借：应付债券——应计利息
        贷：应付利息
    - ④归还本金时
      - 借：应付债券——面值
        贷：银行存款
  - （2）可转换债券
    - ①初始确认
      - a. 负债成分价值：债券的面值和利息进行折现（应付债券）
      - b. 权益成分价值：发行价格 − 负债成分公允价值（其他权益工具）
      - c. 交易费用按照各自公允价值相对比例进行分摊
    - ②转股时
      - a. 转股日负债成分的账面价值 + 权益成分的账面价值 − 股本
      - b. 差额记入“资本公积——股本溢价”科目

第九章 职工薪酬

（考2分）

- 职工薪酬
  - 短期薪酬
    - 带薪缺勤
      - （1）累积
        - ①特点：未使用完的权利可以结转下期
        - ②未享受带薪休假的当年，以累积未行使权利而增加预期支付的金额确认与累积带薪缺勤相关的职工薪酬
          - 借：管理费用等
          - 贷：应付职工薪酬——累积带薪缺勤
        - ③次年若职工未享受累积未使用的带薪年休假，则冲回上年度确认的费用
          - 借：应付职工薪酬——累积带薪缺勤
          - 贷：管理费用
      - （2）非累积
        - ①特点：未使用完的权利不结转
        - ②职工未缺勤时，无须进行会计处理
    - 短期利润分享计划 — 基于当年实现的净利润的一定比例，确认应付职工薪酬，并按照受益对象分摊计入成本费用类科目
    - 非货币性职工福利
      - （1）商品
        - ①无偿发放
          - a. 外购
            - Ⅰ. 按相关商品的公允价值和相关税费计量职工薪酬金额
            - Ⅱ. 进项税额需要作转出处理
          - b. 自产
            - Ⅰ. 按公允价值和相关税费计量职工薪酬金额
            - Ⅱ. 视同正常的销售进行账务处理，确认收入，结转成本，确认销项税额
        - ②自产产品低价出售 — 规定服务期限
          - Ⅰ. 内部售价与公允价值差额计入长期待摊费用，在服务期间内分摊计入应付职工薪酬
          - Ⅱ. 向职工出售时
            - 借：银行存款
            - 长期待摊费用
            - 贷：主营业务收入
            - 应交税费——应交增值税（销项税额）
            - 借：主营业务成本
            - 贷：库存商品
          - Ⅲ. 摊销长期待摊费用时
            - 借：应付职工薪酬——非货币性福利
            - 贷：长期待摊费用
            - 借：管理费用等

- (2) 房屋 — 出售（含补贴）
  - a. 规定最低服务期限：内部售价与公允价值差额计入长期待摊费用，在服务期间内分摊计入应付职工薪酬
  - b. 未规定最低服务期限：内部售价与公允价值的差额计入当期损益或相关资产成本，并确认职工薪酬

离职后福利

- 设定受益计划
  - (1) 计入当期损益的金额（影响净利润）
    - a. 当期服务成本
    - b. 过去服务成本
    - c. 结算利得和损失
    - d. 设定受益计划净负债或净资产的利息净额
  - (2) 计入其他综合收益的金额
    - a. 精算利得和损失
    - b. 计划资产回报，扣除包括在设定受益计划净负债或净资产的利息净额中的金额
    - c. 资产上限影响的变动，扣除包括在设定受益计划净负债或净资产的利息净额中的金额

辞退福利

- 不必区分辞退职工的类型及所在岗位，均通过“管理费用”科目核算
- 补偿款超过 1 年支付的辞退计划，企业应当考虑选择恰当的折现率，以折现后的金额计量应计入当期损益的福利金额
- 分期分段实施的计划，应在每期计划符合确认条件时进行确认，而非全部计划符合确认条件时确认

笔记区

第十章 股份支付

（考6分）

股份支付

基础知识

- **授予日** — 股份支付协议获得批准的日期
  - ①企业与职工或其他方就股份支付的协议条款和条件已达成一致；
  - ②协议获得股东会或类似机构的批准
- **分类**
  - （1）以权益结算的股份支付
    - ①限制性股票
    - ②股票期权
  - （2）以现金结算的股份支付
    - ①现金股票增值权
    - ②模拟股票
- **行权条件**
  - （1）种类
    - ①非可行权条件
    - ②可行权条件
      - a. 业绩条件
        - Ⅰ. 市场条件（与市场价格相关）
        - Ⅱ. 非市场条件（权益净利率、利润增长率等）
        - · 市场条件和非可行权条件是否得到满足，不影响企业对预计可行权情况的估计
        - · 只要职工满足了非市场条件，企业应当确认已取得的服务
      - b. 服务期限条件
  - （2）修改
    - ①有利修改 — 按照修改后的条件进行修改
    - ②不利修改
      - a. 减少权益工具公允价值
      - b. 延长等待期、增加或变更业绩条件（非市场）
        - 视同改变未发生
      - c. 减少授予权益工具数量
        - 将减少部分作为取消处理
  - （3）取消结算
    - ①作为加速可行权，立即确认剩余等待期内的金额
    - ②例：职工自愿退出股份支付计划

会计处理

- （1）授予日
  - ①立即可行权（变）
    - 借：管理费用等
    - 贷：资本公积——其他资本公积
  - ②非立即可行权 — 无须处理
- （2）等待期内每个资产负债表日
  - 等待期内确认成本费用金额＝授予日权益工具公允价值×行权权益工具的最佳估计数×时间权重
  - 借：管理费用等

- 以权益结算的股份支付
  - (3) 可行权日后 — 不调整已确认的成本费用和所有者权益总额
  - (4) 行权日
    - 借：银行存款
      资本公积——其他资本公积
      贷：股本
      资本公积——股本溢价
  - 限制性股票
    - (1) 授予日
      - ①收到认股款
        - 借：银行存款
          贷：股本
          资本公积——股本溢价
      - ②就回购义务确认负债
        - 借：库存股
          贷：其他应付款
    - (2) 等待期
      - ①确认成本费用 — 处理同权益结算股份支付
      - ②分派现金股利的会计处理
        - a. 现金股利可撤销
          - Ⅰ. 可收回或可冲抵回购款
          - Ⅱ. 未来可解锁
            - 借：利润分配
              贷：应付股利
              借：其他应付款
              贷：库存股
          - Ⅲ. 未来不可解锁
            - 借：其他应付款
              贷：应付股利
        - b. 现金股利不可撤销
          - Ⅰ. 不可收回或不可冲抵回购款
          - Ⅱ. 未来可解锁
            - 借：利润分配
              贷：应付股利
          - Ⅲ. 未来不可解锁
            - 借：管理费用等
              贷：应付股利
    - (3) 解锁日
      - ①不需回购
        - 借：其他应付款
          贷：库存股
      - ②需回购
        - 借：其他应付款
          贷：银行存款
          借：股本
          资本公积——股本溢价（差额）
          贷：库存股

股份支付

- **以现金结算的股份支付**
  - 会计处理
    - （1）授予日
      - ①立即可行权
        - 借：管理费用等
        - 贷：应付职工薪酬
      - ②非立即可行权 —— 无须处理
    - （2）等待期内每个资产负债表日
      - 等待期内确认成本费用金额 = 每个资产负债表日权益工具公允价值 × 行权权益工具的最佳估计数 × 时间权重
      - 借：管理费用等
        贷：应付职工薪酬
    - （3）可行权日后
      - ①不再确认成本费用
      - ②相关负债公允价值变动计入公允价值变动损益
        借或贷：公允价值变动损益
        贷或借：应付职工薪酬
      - 实质为负债，需要考虑公允价值变动影响，采用等待期内每个资产负债表日权益工具公允价值计量
    - （4）行权日
      - 借：应付职工薪酬
        贷：银行存款
  - 将以现金结算的股份支付调整为以权益结算的股份支付
    - 在修改日
      - ①企业应当按照当日所授予权益工具的公允价值计量以权益结算的股份支付
      - ②将截至修改日已取得的服务计入资本公积
      - ③同时终止确认以现金结算的股份支付在修改日已确认的负债
      - ④两者之间的差额计入当期损益
    - 借：应付职工薪酬——股份支付
      贷：资本公积——其他资本公积
      差额：管理费用等
- **"一次授予、分期行权"的会计处理**
  - 拆分为几个独立的股份支付计划，分别确定每个计划的等待期，进行会计处理

- **集团内股份支付**
  - 结算企业
    - （1）以其自身权益工具结算（权益结算）
      - 借：长期股权投资等
      - 贷：资本公积——其他资本公积
    - （2）其他情形（现金结算）
      - 借：长期股权投资等
      - 贷：应付职工薪酬
  - 接受服务企业
    - （1）没有结算义务
    - （2）授予本企业职工自身权益工具
      - 权益结算
        - 借：管理费用等
        - 贷：资本公积——其他资本公积
    - （3）具有结算义务且以集团内其他企业权益工具结算
      - 借：管理费用等
      - 贷：应付职工薪酬

集团内股份支付，包括集团内任何主体的任何股东（控股或非控股）

笔记区

第十一章 借款费用

（考 2 分）

借款费用

概述

- 借款范围
  - （1）专门借款 — 为购建或者生产符合资本化条件的资产而专门借入的款项
    - 经过相当长时间（通常为 1 年及以上）购建或者生产活动才能达到预定可使用或可销售状态的固定资产、投资性房地产和存货等资产
  - （2）一般借款 — 除专门借款以外的借款
- 借款费用范围
  - （1）借款利息、手续费、佣金等
  - （2）因借款而发生的折价或溢价的摊销
  - （3）因外币借款而发生的汇兑差额
  - （4）承租人根据租赁准则确认的融资费用
  - 区分：发行股票等权益性融资过程中产生的手续费、佣金不属于借款费用，冲减资本公积 / 留存收益

确认

- 资本化的借款费用
  - （1）开始资本化
    - ①资产支出已经发生
    - ②借款费用已经发生
    - ③相关购建或生产活动已经开始
  - （2）暂停资本化
    - ①发生非正常中断
    - ②中断时间连续超过 3 个月
  - （3）停止资本化 — 购建或生产符合资本化条件的资产达到预定可使用或可销售状态
  - 无论是专门借款还是一般借款，只有发生在资本化期间内的借款费用，才允许资本化
- 费用化的借款费用

计量

- 专门借款
  - （1）总原则：借多少，资本化多少
  - （2）资本化金额 = 资本化期间实际利息 − 资本化期间闲置资金收益（未用借款存入银行利息收入、暂时性投资收益）
  - （3）费用化金额 = 费用化期间实际利息 − 费用化期间闲置资金收益
- 一般借款
  - （1）总原则：用多少，资本化多少
    - 关注：何时开始占用；占用多少金额；占用时间权重
  - （2）资本化金额 = 资产支出的加权平均数（根据实际情况考虑时间权重）× 一般借款资本化率（一般借款加权平均利率）
  - （3）费用化金额 = 一般借款在本期全部利息支出 − 资本化利息金额
- 外币借款汇兑差额
  - （1）资本化期间，外币专门借款本金及利息的汇兑差额，应当予以资本化

第十二章 或有事项

（考2分）

- 或有事项
  - 特征
    - 过去的交易或事项形成的
    - 结果具有不确定性
    - 结果须由未来事项决定
  - 确认、计量和披露
    - 确认
      - （1）现时义务
      - （2）经济利益很可能流出
      - （3）金额能够可靠计量
    - 计量
      - （1）或有负债
        - ①确认为预计负债（最佳估计数）
          - a. 连续区间等概率 — 上下限平均值
          - b. 不连续区间（或概率不等）
            - Ⅰ. 单个项目：最可能发生金额
            - Ⅱ. 多个项目：加权平均数
        - ②影响因素
          - a. 风险和不确定性
          - b. 货币时间价值
          - c. 未来事项（除去预期处置资产形成的利得）
        - ③披露 — 除极小可能外应当披露
      - （2）或有资产（预期可获得的补偿）
        - ①基本确定能够收到时，应确认为其他应收款（借：其他应收款 贷：营业外支出）
        - ②不能作为预计负债金额的扣减
        - ③确认的补偿金额不能超过所确认负债的账面价值
        - ④披露 — 当或有资产很可能为企业带来经济利益时披露

- **具体应用**
  - 未决诉讼
    - （1）计提时
      - 借：管理费用（诉讼费）
      - 营业外支出
      - 贷：预计负债
    - （2）实际发生金额与已计提预计负债之间的差额的处理
      - ①在前期资产负债表日已根据当时情况合理预计 — 当期实际损失与预计金额的差额直接计入当期营业外支出
      - ②在前期资产负债表日可以合理预计但未合理预计 — 作为重大会计差错更正处理
      - ③在前期资产负债表日无法合理预计 — 在损失实际发生的当期直接计入当期营业外支出
  - 保证类质量保证
    - （1）计提时
      - 借：主营业务成本
      - 贷：预计负债
    - （2）保修期结束时，将原已计提的与产品质量保证有关的“预计负债”科目余额冲销
    - （3）已计提预计负债的产品，如企业不再生产，在相应产品质保期满后，应将原已计提的“预计负债”科目余额冲销
  - 亏损合同
    - （1）履行合同的成本与未履行该合同而发生的补偿或处罚两者之间较低者
    - （2）履行合同成本
      - ①增量成本 — 直接人工、直接材料等
      - ②直接相关的其他成本的分摊金额 — 固定资产折旧费用分摊金额等
    - （3）不同情形会计处理
      - ①存在标的资产
        - a. 对标的资产进行减值测试并确认减值损失
        - b. 预计亏损超过减值损失，将超过部分确认为预计负债
      - ②不存在标的资产 — 亏损合同满足确认条件时确认为预计负债
  - 重组义务
    - （1）重组事项
      - ①出售或终止企业的部分业务
      - ②对企业的组织结构进行较大调整
      - ③关闭企业的部分营业场所，或将营业活动由一个国家或地区迁移到其他国家或地区
    - （2）企业承担重组义务的条件（同时满足）
      - ①有详细、正式的重组计划，包括重组涉及的业务、主要地点、需要补偿的职工人数、预计重组支出、计划实施时间等
      - ②该重组计划已对外公告
    - （3）计量
      - ①直接支出（确认负债金额）
        - a. 自愿 / 强制遣散费（执行职工薪酬准则）
        - b. 租赁费撤销（执行或有事项准则）
      - ②对利润 / 损益影响
        - a. 自愿 / 强制遣散费：管理费用
        - b. 租赁费撤销：营业外支出
        - c. 不动产、厂房等减值：资产减值损失

第十三章 金融工具 （考 8 ~ 10 分）

金融工具

金融资产

分类标准

- （1）业务模式
  - ①以收取合同现金流量为目标的业务模式
  - ②以收取合同现金流量和出售金融资产为目标的业务模式
  - ③其他业务模式
- （2）合同现金流量特征（SPPI 测试）
  - ①与基本借贷安排一致
  - ②相关金融资产在特定日期产生的合同现金流量仅为对本金和以未偿付本金金额为基础的利息的支付
- （3）具体分类
  - ①以摊余成本计量的金融资产 — 一般设置“贷款”“应收账款”“债权投资”等科目核算
  - ②以公允价值计量且其变动计入其他综合收益的金融资产 — 设置“其他债权投资”科目核算
  - ③以公允价值计量且其变动计入当期损益的金融资产 — 设置“交易性金融资产”科目核算

分类决策

- （1）金融资产分类决策树

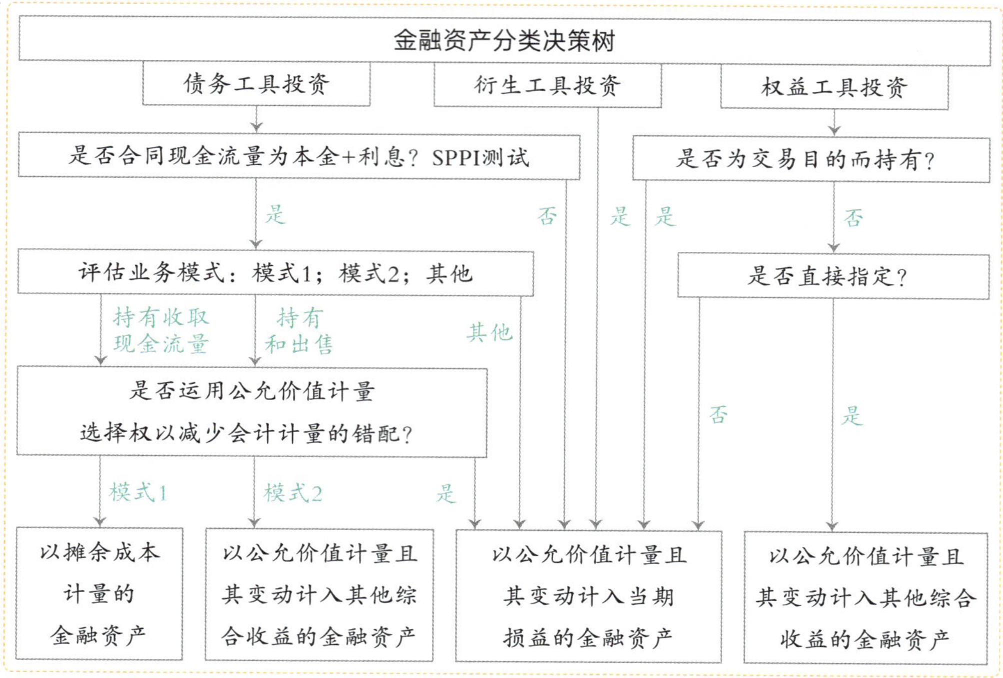

- （2）权益工具投资，不得重分类；债务工具投资，当业务模式发生变更时，可以相互重分类

金融资产会计处理

- （1）债权投资
  - ①初始计量 — 入账价值（成本）= 公允价值 + 相关交易费用
  - ②后续计量
    - a. 分期付息，到期还本 — 期末摊余成本 = 期初摊余成本 + 投资收益 − 应收利息 −（信用减值准备）
    - b. 到期一次还本付息 — 期末摊余成本 = 期初摊余成本 + 投资收益 −（信用减值准备）

    投资收益 = 期初摊余成本 × 实际利率
    应收利息 = 面值 × 票面利率
  - ③处置
    - a. 一般是到期收回本金和利息等，无差额
    - b. 若涉及提前处置，相关差额计入投资收益
- （2）其他债权投资
  - ①初始计量 — 入账价值（成本）= 公允价值 + 相关交易费用
  - ②后续计量
    - a. 以摊余成本计量实际利息收益，计入投资收益
    - b. 除减值损失或利得和汇兑损益之外，均应当计入其他综合收益
    - c. 公允价值和账面价值（余额）的差额计入其他综合收益
  - ③处置
    - a. 处置价款与处置当天账面价值的差额计入投资收益
    - b. 持有期间产生的其他综合收益转入投资收益
- （3）其他权益工具投资
  - ①初始计量 — 入账价值（成本）= 公允价值 + 相关交易费用
  - ②后续计量
    - a. 确认的股利收益，计入投资收益；其他相关利得和损失（包括汇兑损益）均应计入其他综合收益
    - b. 公允价值和账面价值（余额）的差额计入其他综合收益
  - ③处置
    - a. 处置价款与处置当天账面价值的差额计入留存收益
    - b. 持有期间产生的其他综合收益转入留存收益
- （4）交易性金融资产
  - ①初始计量
    - a. 入账价值（成本）= 公允价值
    - b. 相关交易费用计入当期损益（投资收益）
  - ②后续计量
    - a. 确认的股利或利息收益，计入投资收益
    - b. 公允价值和账面价值（余额）的差额计入公允价值变动损益

    以公允价值计量且其变动计入当期损益的金融资产的利息，可以单独确认并计入投资收益，也可以汇总反映在该金融资产的公允价值变动中 变
  - ③处置 — 处置价款与处置当天账面价值的差额计入投资收益

金融工具

金融资产

- 金融资产重分类
  - （1）重分类日
    - ①自重分类日起采用未来适用法进行会计处理
    - ②重分类日是指导致企业对金融资产进行重分类的业务模式发生变更后的首个报告期间的第一天
  - （2）债权投资
    - ①其他债权投资
      - a. 按照重分类日公允价值计量
      - b. 账面价值与公允价值的差额计入其他综合收益
      - c. 不影响实际利率和预期信用损失
    - ②交易性金融资产
      - a. 按照重分类日公允价值计量
      - b. 账面价值与公允价值的差额计入当期损益
  - （3）其他债权投资
    - ①债权投资
      - a. 将之前计入其他综合收益的累计利得和损失转出，视同该金融资产一直以摊余成本计量
      - b. 不影响实际利率和预期信用损失
    - ②交易性金融资产
      - a. 继续以公允价值计量
      - b. 前期累计确认的其他综合收益转入当期损益
  - （4）交易性金融资产
    - ①债权投资
      - a. 按照重分类日的公允价值作为新的账面余额，并确定实际利率
      - b. 自重分类日起适用金融资产减值的相关规定，将重分类日视为初始确认日
    - ②其他债权投资
      - a. 继续以公允价值计量，并确定实际利率
      - b. 自重分类日起适用金融资产减值的相关规定，将重分类日视为初始确认日

金融负债与权益工具的区分

- 是否存在无条件避免交付现金或其他金融资产的合同义务
  - （1）不能无条件避免赎回
  - （2）强制付息义务
  - （3）议事机制不能自主决定股利支付
  - （4）利率跳升机会和幅度无上限
  - 分类为金融负债，否则可能分类为权益工具
- 是否通过交付固定数量的自身权益工具结算
  - （1）基于自身权益工具的非衍生工具
    - ①交付可变数量→金融负债
    - ②其他情形→权益工具
  - （2）基于自身权益工具的衍生工具
    - ①满足“固定换固定”的条件→权益工具
    - ②其他情形→金融负债

企业对所有金融负债之间均不得进行重分类

满足条件时，金融负债与权益工具可以相互重分类
- 金融负债→权益工具 — 账面价值计量（无差额）
- 权益工具→金融负债 — 公允价值计量（差额计入资本公积）

金融工具减值

- **方法** — 预期信用损失法
- **适用范围**
  - (1) 债权投资、其他债权投资、租赁应收款、合同资产
  - (2) 部分贷款承诺和财务担保合同
- **减值模型**
  - (1) 购买或源生时已发生信用减值
    - ①损失确认范围：整个存续期
    - ②利息收入：摊余成本 × 经信用调整的实际利率
  - (2) 购买或源生时未发生信用减值
    - ①初始确认后信用风险未显著增加
      - a. 损失确认范围：未来 12 个月
      - b. 利息收入：账面余额（未扣除减值）× 实际利率
    - ②初始确认后信用风险已显著增加但未发生信用减值
      - a. 损失确认范围：整个存续期
      - b. 利息收入：账面余额（未扣除减值）× 实际利率
    - ③初始确认后发生信用减值
      - a. 损失确认范围：整个存续期
      - b. 利息收入：摊余成本（账面余额减已计提减值准备）× 实际利率
- **特殊情形**
  - (1) 较低信用风险 — 可以简化处理，即企业可以自行选择按三阶段模型或者简化模型进行处理
  - (2) 应收款项租赁应收款合同资产
    - ①不含重大融资成分（必须简化处理）
      - 按照整个存续期内预期信用损失的金额计量损失准备
    - ②包含重大融资成分（可以简化处理）
      - 企业可以分别对应收账款、合同资产、应收融资租赁款作出不同的会计政策选择，采用简化模型或三阶段模型进行处理
  - (3) 委托贷款、财务担保、关联企业的资金借贷、其他应收款 — 分为三个阶段进行会计处理，不得采用简化处理
- **减值计提（后续可以转回）**
  - (1) 一般情况
    - 借：信用减值损失
    - 　贷：债权投资减值准备
    - 　　　坏账准备
    - 　　　租赁应收款减值准备
    - 　　　预计负债
  - (2) 合同资产
    - 借：资产减值损失
    - 　贷：合同资产减值准备
  - (3) 其他债权投资
    - 借：信用减值损失
    - 　贷：其他综合收益

金融工具

金融资产转移

- **终止确认一般原则**
  - （1）收取现金流量的合同权利终止
  - （2）金融资产已转移，且满足终止确认的规定

  > 下列情形也会导致金融资产的终止确认：
  > ①合同的实质性修改
  > ②核销金融资产
  > 新

- **终止确认判断流程**
  - （1）确定适用金融资产终止确认规定的报告主体层面
    - ①个别报表
    - ②合并报表
  - （2）确定金融资产是部分还是整体适用终止确认原则
    - ①部分终止确认
      - a. 特定可辨认现金流量（例如：本金部分或利息部分等）
      - b. 与全部现金流量完全成比例的现金流量部分（例如转让 90%）
      - c. 与特定可辨认现金流量完全成比例的现金流量部分（例如本金或利息的 90%）
    - ②整体终止确认 — 除上述情形外的其他情形
  - （3）确定收取合同现金流量的权利是否终止
    - ①已经终止 — 确认终止
    - ②未终止 — 下一步
  - （4）判断企业是否转移金融资产
    - ①企业将收取合同现金流量的合同权利转移给其他方
    - ②企业保留了收取现金流量的合同权利，承担了将收取的现金流量支付给最终收款方的合同义务
  - （5）分析所转移金融资产的风险和报酬转移情况
    - ①转移所有权上几乎所有风险和报酬 — 终止确认
    - ②保留所有权上几乎所有风险和报酬 — 继续确认
    - ③既没有转移也没有保留 — 第（6）步
  - （6）分析企业是否保留控制
    - ①保留 — 继续涉入
    - ②未保留 — 终止确认

- **会计处理**
  - （1）终止确认 — 损益金额的确认 — 因转移收到的对价 − 所转移金融资产的账面价值 ± 计入其他综合收益的公允价值变动转出
  - （2）继续确认
    - ①继续确认所转移金融资产整体
    - ②因转移金融资产收到的对价确认为一项金融负债
    - ③该金融负债与被转移的金融资产分别确认和计量，不得相互抵销

- (3) 继续涉入
  - ①总原则 — 按照继续涉入的程度继续确认被转移金融资产，并相应确认相关负债
  - ②提供担保方式继续涉入
    - a. 继续涉入资产
      - Ⅰ. 按照金融资产账面价值和担保金额两者中较低者确认
      - Ⅱ. 担保金额：企业收到的对价中，将可能被要求偿还的最高金额
    - b. 继续涉入负债
      - Ⅰ. 按照担保金额和担保合同的公允价值之和确认
      - Ⅱ. 担保合同的公允价值：提供担保而收取的费用

套期会计

- 套期分类
  - (1) 公允价值套期
    - ①被套期项目 — 已确认资产或负债（包括组成部分）、尚未确认的确定承诺（包括组成部分）、确定承诺的外汇风险
    - ②举例 — 固定利率换浮动利率的利率互换合约（固定换浮动）
  - (2) 现金流量套期
    - ①被套期项目 — 已确认资产或负债（包括组成部分）、极可能发生的预期交易（包括组成部分）、确定承诺的外汇风险
    - ②举例 — 浮动利率换固定利率的利率互换合约（浮动换固定）
  - (3) 境外经营净投资套期 — 对境外经营的记账本位币与母公司的记账本位币之间的折算差额产生的外汇风险敞口进行的套期
- 套期工具
  - (1) 可以作为套期工具的金融工具
    - ①以公允价值计量且其变动计入当期损益的衍生工具，签出期权除外
    - ②以公允价值计量且其变动计入当期损益的非衍生金融资产或非衍生金融负债，但指定为“损”，且其自身信用风险变动引起的公允价值变动计入其他综合收益的金融负债除外
    - ③对于外汇风险套期，企业可以将非衍生金融资产（指定的非交易性权益工具投资除外）或非衍生金融负债的外汇风险成分指定为套期工具
  - (2) 套期工具的指定
    - ①指定期权的内在价值、远期合同即期要素的价值变动及排除外汇基差后的金融工具
    - ②将套期工具的一定比例（而非剩余期限的某一时段）指定为套期工具
    - ③将两项或两项以上金融工具（或一定比例）的组合指定为套期工具
- 被套期项目（下列单个项目、项目组合或组成部分可以指定为被套期项目）
  - (1) 已确认资产或负债
  - (2) 尚未确认的确定承诺
  - (3) 极可能发生的预期交易
  - (4) 境外经营净投资

金融工具

- 套期会计
  - 会计处理
    - （1）公允价值套期
      - ①套期工具
        - a. 套期工具产生的利得或损失应当计入当期损益
        - b. 若套期工具是其他权益工具投资，则套期工具产生的利得或损失计入其他综合收益
      - ②被套期项目
        - a. 形成的利得或损失计入当期损益，同时调整被套期项目的账面价值
        - b. 被套期项目为其他债权投资，形成的利得或损失计入当期损益，不需要调整被套期项目的账面价值
        - c. 被套期项目为其他权益工具投资，形成的利得或损失计入其他综合收益，不需要调整被套期项目的账面价值
    - （2）现金流量套期
      - ①套期工具产生的利得或损失中属于套期有效的部分，计入其他综合收益
      - ②套期工具产生的利得或损失中属于套期无效的部分，计入当期损益
    - （3）境外经营净资产套期
      - ①套期工具产生的利得或损失中属于套期有效的部分，计入其他综合收益
      - ②套期工具产生的利得或损失中属于套期无效的部分，计入当期损益

笔记区

第十四章 租赁

（考6～8分）

- **租赁概述**
  - 租赁识别（三要素）
    - （1）一定的期间（租赁期）
      - ①承租人有权使用租赁资产且不可撤销的期间，租赁期自租赁期开始日起计算
        - 租赁期包含出租人给予承租人的免租期
      - ②租赁期开始日
        - a. 出租人提供租赁资产使其可供承租人使用的起始日期
        - b. 租赁协议中对起租日或租金支付时间的约定，不影响租赁期开始日的判断
      - ③不可撤销期间
        - a. 可强制执行合同的期间
        - b. 如果承租人和出租人双方均有权在未经另一方许可的情况下终止租赁，且罚款金额不重大，则属于不可强制执行期间，不包含在租赁期内
      - ④续租选择权 — 承租人合理确定将行使该选择权的
      - ⑤终止租赁选择权 — 承租人合理确定不会行使该选择权的
        - 租赁期包含对应选择权的涵盖期间
    - （2）已识别资产
      - ①对资产的指定 — 该资产可以明确指定，也可以隐性指定
      - ②物理可区分
        - a. 产能在物理上可区分
        - b. 产能在物理上不可区分，但实质上代表资产的全部产能（光缆）
      - ③资产供应方无实质性替换权
        - a. 有实质性替换权的条件（同时满足）
          - Ⅰ. 供应方拥有在整个期间替换资产的实际能力
          - Ⅱ. 供应方通过行使替换资产的权利获得经济利益
        - b. 不具有实质性替换权的情形
          - Ⅰ. 若合同仅赋予资产供应方在特定日期或特定事件发生日或之后拥有替换资产的权利或义务
          - Ⅱ. 在运行不佳或需要技术升级的情况下因修理和维护而替换资产的权利或义务
          - Ⅲ. 难以确定是否拥有实质性替换权的，视为没有实质性替换权

租赁

- (3) 使用权的控制
  - ①客户有权获得因使用资产所产生的几乎全部经济利益
    - a. 企业应当在约定的客户权利范围内考虑其所产生的经济利益
      - 例如：汽车在特定区域或特定里程使用产生的经济利益
    - b. 若合同规定客户应向资产供应方或另一方支付因使用资产所产生的部分现金流量作为对价，该条款不影响客户获得几乎全部经济利益
      - 例如：客户因使用零售区域向供应方支付零售收入的一定比例作为对价
  - ②客户有权主导资产的使用 — 客户有权在整个使用期间主导已识别资产的使用目的和使用方式

租赁的分拆与合并

- (1) 分拆
  - ①适用情形
    - a. 同时包含多项单独租赁
    - b. 同时包含租赁和非租赁部分
  - ②单独租赁判断（同时符合）
    - a. 承租人可从单独使用该资产或将其与易于获得的其他资源一起使用中获利
    - b. 该资产与合同中的其他资产不存在高度依赖或高度关联关系
  - ③承租人 — 简化处理，承租人可以选择是否分拆
  - ④出租人 — 应当分拆
- (2) 合并（满足其一）
  - ①基于总体商业目的而订立并构成“一揽子交易”
  - ②某份合同的对价金额取决于其他合同的定价或履行情况
  - ③让渡的资产使用权合起来构成一项单独租赁

笔记区

租赁

承租人的会计处理

一般模式

- (1) 初始计量
  - ①租赁负债
    - a. 租赁期开始日尚未支付的租赁付款额的现值
    - b. 租赁付款额

      承租人向出租人支付的与在租赁期内使用租赁资产的权利相关的款项

      - Ⅰ. 固定及实质固定付款额（扣除租赁激励）
      - Ⅱ. 取决于指数或比率的可变租赁付款额

        仅取决于指数或比率的可变租赁付款额纳入租赁负债的初始计量中

        - · 计入租赁负债初始计量
          - 市场比率或指数数值变动导致的价格变动，例如与消费者价格指数挂钩的款项、与基准利率挂钩的款项、为反映市场租金费率变化而变动的款项等
        - · 计入发生当期损益
          - 承租人源自租赁资产的绩效、租赁资产的使用
      - Ⅲ. 承租人合理确定行使购买选择权的行权价格
      - Ⅳ. 承租人合理确定行使终止租赁选择权需支付的款项
      - Ⅴ. 根据承租人提供的担保余值应支付的款项
    - c. 折现率
      - Ⅰ. 应当采用租赁内含利率为折现率
      - Ⅱ. 无法确定租赁内含利率的，应当采用承租人增量借款利率作为折现率
  - ②使用权资产（成本计量）

    可在租赁期内使用租赁资产的权利

    - a. 按成本计量 = 租赁负债 + 预付租金 + 初始直接费用 + 复原费等
    - b. 成本构成
      - Ⅰ. 租赁负债的初始计量
      - Ⅱ. 预付的租赁付款额（扣除租赁激励）
      - Ⅲ. 发生的初始直接费用
      - Ⅳ. 拆卸、移除、复原租赁资产等成本

        区分：承租人发生的租赁资产改良支出不属于使用权资产，应计入长期待摊费用
    - c. 取得使用权资产时

      借：使用权资产
　　租赁负债——未确认融资费用
　贷：租赁负债——租赁付款额
　　　银行存款（支付的初始直接费用等）

借：财务费用等
贷：租赁负债——未确认融资费用

(2) 后续计量

- ①租赁负债
  - a. 计量基础
    - Ⅰ. 按照周期性利率计算利息费用，同时增加租赁负债的账面价值
    - Ⅱ. 支付租赁付款额，减少租赁负债的账面价值

      借：租赁负债——租赁付款额
      贷：银行存款等

    - Ⅲ. 因重估或租赁变更等原因导致租赁付款发生变动时，重新计量租赁负债的账面价值
  - b. 重新计量
    - 折现率不变（重新计量时采用租赁期开始日折现率）
      - Ⅰ. 实质固定付款额发生变动
      - Ⅱ. 担保余值预计的应付金额发生变动
      - Ⅲ. 租赁付款额的指数或比率（浮动利率除外）发生变动
    - 修订后折现率
      - Ⅳ. 因浮动利率变动
      - Ⅴ. 发生承租人可控范围内的重大事件或变化，导致对购买选择权、续租选择权、终止租赁选择权的评估发生变化

    承租人按变动后的租赁付款额现值重新计量租赁负债，并相应调整使用权资产的账面价值，使用权资产的账面价值已调减至零，但仍需调减租赁负债的，剩余金额计入当期损益

- ②使用权资产
  - a. 计量基础 — 成本模式计量，即以成本减累计折旧及累计减值损失计量使用权资产

    借：管理费用等
    贷：使用权资产累计折旧

  - b. 折旧
    - Ⅰ. 通常自租赁期开始的当月对使用权资产计提折旧
    - Ⅱ. 通常采用直线法计提折旧

    借：资产减值损失
    贷：使用权资产减值准备

  - c. 减值
    - Ⅰ. 计入资产减值损失
    - Ⅱ. 该减值一经计提不得转回，承租人按扣除减值损失后的使用权资产的账面价值，进行后续折旧
  - d. 承租人发生的租赁资产改良支出不属于使用权资产，应计入长期待摊费用

租赁

- 承租人的会计处理
  - 一般模式
    - （3）租赁变更
      - ①作为一项单独租赁（同时满足）
        - a. 通过增加一项或多项租赁资产的使用权而扩大了租赁范围
        - b. 增加的对价与租赁范围扩大部分的单独价格按合同调整后的金额相当
      - ②未作为一项单独租赁
        - a. 不能同时满足上述条件的租赁变更
        - b. 会计处理
          - Ⅰ. 采用变更后的折现率对变更后的租赁付款额进行折现，以重新计量租赁负债
          - Ⅱ. 租赁范围缩小或租赁期缩短
            - 调整使用权资产和租赁负债的账面价值，相关差额计入当期损益（资产处置损益）
          - Ⅲ. 其他情形
            - 相应调整使用权资产的账面价值
  - 简化处理
    - （1）短期租赁
      - ①租赁期不超过 12 个月的租赁
      - ②不属于短期租赁的情形
        - Ⅰ. 租赁变更导致租赁期缩短至 1 年以内，企业不得改按短期租赁进行简化处理或追溯
        - Ⅱ. 包含购买选择权的租赁，即使租赁期不超过 12 个月，也不属于短期租赁
    - （2）低价值资产租赁
      - ①单项租赁资产为全新资产时价值较低的租赁
      - ②常见低价值资产 — 平板电脑、普通办公家具、电话
      - ③不属于低价值资产租赁 — 承租人已经或预期把相关资产进行转租赁
- 租赁分类
  - （1）出租人应在租赁开始日将租赁分为融资租赁和经营租赁
  - （2）租赁开始日
    - ①租赁合同签署日
    - ②租赁各方就主要租赁条款作出承诺日
    - （①②）较早者
    - ③租赁开始日（出租人）与租赁期开始日（承租人）
      - a. 租赁开始日可能早于租赁期开始日
      - b. 租赁开始日也可能与租赁期开始日重合
    - ④租赁开始日后，除非发生租赁变更，出租人无须对租赁的分类进行重新评估

出租人的会计处理

- （3）分类
  - ①融资租赁
    - a. 租赁期届满时，租赁资产的所有权转移给承租人
    - b. 承租人有购买租赁资产的选择权，且在租赁开始日可以合理确定承租人将行使该选择权（购买价款远低于行使选择权时租赁资产的公允价值）
    - c. 资产的所有权虽然不转移，但租赁期占租赁资产使用寿命的大部分（75% 以上）
    - d. 在租赁开始日，租赁收款额的现值几乎相当于租赁资产的公允价值（90% 以上）
    - e. 租赁资产性质特殊，如果不作较大改造，只有承租人才能使用
  - ②经营租赁 — 除融资租赁以外的租赁

融资租赁会计处理

- （1）初始计量
  - ①对融资租赁确认应收融资租赁款，并终止确认融资租赁资产，相关损益计入资产处置损益

    借：应收融资租赁款——租赁收款额
    　贷：银行存款（初始直接费用）
    　　　融资租赁资产（账面价值）
    　　　应收融资租赁款——未实现融资收益
    　　　资产处置损益（差额）
  - ②应收融资租赁款
    - a. 以租赁投资净额为入账价值
    - b. 租赁投资净额
      - Ⅰ. 未担保余值
      - Ⅱ. 租赁期开始日尚未收到的租赁收款额按租赁内含利率折现的现值

      = 租赁资产公允价值 + 出租人初始直接费用
    - c. 租赁收款额
      - Ⅰ. 承租人需支付的固定付款额和实质固定付款额（扣除租赁激励）
      - Ⅱ. 取决于指数或比率的可变租赁付款额
      - Ⅲ. 承租人合理确定行使购买选择权的行权价格
      - Ⅳ. 承租人合理确定行使终止租赁选择权所需支付的款项
      - Ⅴ. 由承租人、与承租人有关的一方以及有经济能力履行担保义务的独立第三方向出租人提供的担保余值

      在融资租赁期间，如果承租人欠付租金，但租赁合同未发生变更的，出租人应继续按照原租赁合同进行相关会计处理，并对应收融资租赁款计提减值准备（新）
  - ③租赁保证金
    - a. 收到时
      借：银行存款
      　贷：其他应付款
    - b. 以保证金抵作租金时
      借：其他应付款
      　贷：应收融资租赁款
    - c. 没收保证金
      借：其他应付款
      　贷：营业外收入

租赁

出租人的会计处理

- 融资租赁会计处理
  - （2）后续计量
    - ①按照每期租赁收款额冲减应收融资租赁款（借：银行存款 贷：应收融资租赁款——租赁收款额）
    - ②按照固定的周期性利率计算并确认每期的利息收入（借：应收融资租赁款——未实现融资收益 贷：租赁收入）
    - ③与资产未来绩效或使用情况挂钩的可变租赁付款额在实际发生时，计入当期损益（借：银行存款 贷：租赁收入）
  - （3）融资租赁变更
    - ①作为一项单独租赁（同时符合）
      - a. 该变更通过增加一项或多项租赁资产的使用权而扩大租赁范围
      - b. 增加的对价与租赁范围扩大部分的单独价格按该合同情况调整后的金额相当
    - ②未作为一项单独租赁
      - a. 变更后为经营租赁
        - Ⅰ. 以变更生效日作为一项新租赁
        - Ⅱ. 以变更生效日前的租赁投资净额作为租赁资产的账面价值
      - b. 变更后为融资租赁 — 重新计算应收融资租赁款的账面余额，并将相关利得或损失计入当期损益
- 经营租赁会计处理
  - （1）采用直线法或其他系统合理的方法将经营租赁的租赁收款额确认为租赁收入
  - （2）存在免租期
    - ①免租期确认租金收入
    - ②应将租金总额在不扣除免租期的整个租赁期内，按直线法或其他合理方法进行分配
  - （3）初始直接费用 — 资本化至租赁标的资产的成本，在租赁期内按照与租金收入相同的确认基础分期计入损益

特殊租赁业务的会计处理

- 转租赁（承租人特殊）
  - （1）会计处理
    - ①原租赁合同 — 按照承租人的会计处理要求进行处理
    - ②转租赁合同 — 按照出租人的会计处理要求进行处理
  - （2）转租出租人对转租赁的分类原则 — 应基于原租赁中产生的使用权资产，而非租赁资产进行分类
  - （3）特殊情形 — 原租赁为短期租赁，且转租出租人作为承租人已按准则采用简化会计处理方法的，应将转租赁分类为经营租赁
- 生产商或经销商出租人的融资租赁会计处理（出租人特殊）
  - （1）确认收入（孰低）
    - ①租赁期开始日租赁资产公允价值
    - ②租赁收款额按市场利率折现的现值
  - （2）结转成本 — 按照租赁资产账面价值扣除未担保余值的现值后的余额确定
  - （3）为取得融资租赁所发生的成本 — 不属于初始直接费用，不计入租赁投资净额，而在租赁期开始日计入当期损益（销售费用）

- 售后租回（经济业务特殊）
  - （1）资产转让属于销售 — 销售对价与市场价格差额的会计处理
    - a. 销售对价＜市场价格 — 作为预付租金
    - b. 销售对价＞市场价格 — 作为额外融资
  - （2）资产转让不属于销售
    - ①卖方兼承租人
      - a. 不终止确认所转让的资产
      - b. 将收到的现金作为金融负债（长期应付款）
    - ②买方兼出租人
      - a. 不确认被转让资产
      - b. 将支付的现金作为金融资产（长期应收款）

笔记区

第十五章 持有待售的非流动资产、处置组和终止经营 （考 2 ~ 3 分）

持有待售的非流动资产、处置组和终止经营

- 持有待售
  - 分类
    - （1）基本原则（同时满足）
      - ①可立即出售
        - a. 企业具有在当前状态下出售的意图和能力
        - b. 出售包括具有商业实质的非货币性资产交换
      - ②出售极可能发生
        - a. 获得批准
        - b. 确定的购买承诺
        - c. 自划分起一年内交易能够完成
    - （2）延长一年期限的例外条款（如果涉及的出售是关联方交易，不允许放松一年期限条件）
      - ①意外设定条件（仍可以划分为持有待售类别）
        - a. 买方或其他方设定导致出售延期的条件
        - b. 企业已及时采取行动
        - c. 自设定延期条件起一年内顺利化解
      - ②发生罕见情况（可以维持原持有待售类别）
        - a. 不可抗力、宏观经济形势急剧变化等不可控因素
        - b. 企业在最初一年内针对上述情况采取必要措施
        - c. 重新满足持有待售类别划分条件
  - 具体应用
    - （1）专为转售取得
      - ①取得日满足“预计出售将在一年内完成”的规定条件
      - ②短期内（通常为 3 个月）很可能满足其他条件
    - （2）持有待售长期股权投资
      - ①因出售对子公司的投资等原因导致其丧失控制权（无论是否保留部分非控制性权益投资）
        - a. 个别报表 — 将对子公司投资整体划分为持有待售类别
        - b. 合并报表 — 将子公司所有资产和负债划分为持有待售类别
      - ②出售联营企业或合营企业投资
        - a. 划分为持有待售的部分（停止权益法核算）
        - b. 未划分为持有待售的部分（在划分为持有待售部分出售前继续采用权益法核算）
    - （3）拟结束使用而非出售 — 不应当划分为持有待售类别

- 计量
  - (2) 划分为持有待售类别前 — 非流动资产 / 处置组
    - a. 计提折旧 / 摊销
    - b. 确认减值损失（后续期间不得转回）
    - c. 考虑公允价值变动等
  - (3) 划分为持有待售类别时 — 非流动资产 / 处置组账面价值大于公允价值减去出售费用时，确认资产减值损失（后续期间可以转回），同时计提持有待售资产减值准备
  - (4) 划分为持有待售类别后
    - ①非流动资产（持有待售非流动资产不应计提折旧或摊销）
      - a. 账面价值＞（公允价值 − 出售费用） — 确认资产减值损失（后续期间可以转回）
      - b.（公允价值 − 出售费用）的净额增加 — 转回减值损失
    - ②处置组
      - a. 适用其他准则的资产、负债按照相关准则继续计量
      - b. 账面价值＞（公允价值 − 出售费用）
        - Ⅰ. 确认资产减值损失
        - Ⅱ. 减值损失后续期间可以转回
      - c. 减值分摊
        - Ⅰ. 抵减商誉的账面价值 — 确认资产减值损失（商誉减值损失后续期间不得转回）
        - Ⅱ. 按账面价值比例抵减适用持有待售准则相关非流动资产的账面价值（固定资产、无形资产等）
        - Ⅲ. 不能分摊至资产组中的流动资产和适用其他准则的非流动资产
      - d. 减值转回
        - Ⅰ. 不得转回
          - · 商誉的减值
          - · 划分为持有待售前的减值
        - Ⅱ. 可以转回
          - · 划分为持有待售时的减值
          - · 划分为持有待售后的减值
  - (5) 不再继续划分为持有待售类别 — 按两者孰低计量
    - a. 划分前账面价值 − 不划分持有待售类别情况下本应确认折旧、摊销、减值
    - b. 可收回金额
  - (6) 终止确认 — 尚未确认的利得或损失计入当期损益（投资收益、资产处置收益等）
- 列报
  - (1) 持有待售资产和负债不应当相互抵销
  - (2) 当期首次满足持有待售类别划分条件的，不应调整可比会计期间资产负债表
  - (3) 在资产负债表日至财务报告批准报出日之间满足持有待售类别划分条件的，作为资产负债表日后非调整事项

持有待售的非流动资产、处置组和终止经营

- **终止经营**
  - 确认
    - (1) 满足下列条件之一
      - ①代表一项独立的主要业务或一个单独的主要经营地区
      - ②拟对一项独立的主要业务或一个单独的主要经营地区进行处置的一项相关联计划的一部分
      - ③专为转售而取得的子公司（不要求具有一定规模）
    - (2) 能够单独区分的组成部分
    - (3) 组成部分已经处置或划分为持有待售类别
  - 列报
    - (1) 一般要求
      - ①企业在利润表中分别列示持续经营损益和终止经营损益
      - ②终止经营的相关损益应当作为终止经营损益列报
      - ③列报的终止经营损益应当包含整个报告期间，而非仅包含认定为终止经营后的报告期间
    - (2) 特殊事项
      - ①专为转售而取得的持有待售子公司
        - a. 合并资产负债表 — 允许采用简便方法，将其全部资产和负债分别作为持有待售资产和持有待售负债列报
        - b. 合并利润表 — 将其净利润与其他终止经营净利润合并列示在“终止经营净利润”项目
      - ②不再划分为持有待售类别
        - a. 一般资产
          - Ⅰ. 资产负债表 — 重新作为固定资产、无形资产等列报，并调整其账面价值
          - Ⅱ. 利润表 — 将账面价值调整金额作为持续经营损益列报
        - b. 持有待售的联营企业或合营企业投资 — 自划分为持有待售类别日起采用权益法进行追溯调整
        - c. 持有待售子公司、共同经营等投资 — 自划分为持有待售类别日起追溯调整

笔记区

第十六章 所有者权益

（考 2 分）

所有者权益

- **其他权益工具**
  - 金融负债与权益工具重分类
    - （1）权益工具重分类为金融负债 — 公允价值计量
      - ①差额计入资本公积——资本溢价（股本溢价）
      - ②资本公积——资本溢价（股本溢价）不够冲减的，依次冲减盈余公积和未分配利润
    - （2）金融负债重分类为权益工具 — 账面价值计量 — 无差额
  - 支付发行手续费、佣金（变）
    - 借：资本公积等
    - 贷：银行存款等
- **资本公积**
  - 资本溢价（股本溢价）
    - 冲减“资本公积——资本溢价（股本溢价）”科目
    - （1）支付给券商的佣金、手续费
    - （2）权益性交易（接受股东捐赠、股东的债务豁免、同一控制下企业合并）等产生的差额
  - 其他资本公积
    - （1）权益结算的股份支付在等待期内确认的成本费用
    - （2）权益法核算的长期股权投资按照持股比例确认的被投资方其他权益变动
- **其他综合收益**
  - 以后期间不能重分类进损益
    - （1）重新计量设定收益计划净资产或净负债导致的变动
    - （2）其他权益工具投资公允价值变动，终止确认时
    - （3）金融负债自身信用风险变动形成的利得或损失
    - （4）权益法核算长期股权投资按照持股比例确认的被投资单位不能重分类进损益的其他综合收益
  - 以后期间可以重分类进损益
    - （1）以公允价值计量且其变动计入其他综合收益的金融资产（债务工具）产生的公允价值变动（投资收益）
    - （2）以公允价值计量且其变动计入其他综合收益的金融资产（债务工具）发生的预期信用损失（信用减值损失）
    - （3）按照金融工具准则的规定，对于金融资产重分类，可以将原计入其他综合收益的利得或损失转入当期损益的部分（投资收益）
    - （4）权益法核算的长期股权投资（投资收益）
    - （5）自用房地产或存货转换为以公允价值计量的投资性房地产（营业成本）
    - （6）外币报表折算差额（投资收益）
    - （7）现金流量套期工具产生的利得或损失中属于有效套期的部分（营业收入等）

第十七章 收入、费用和利润 （考12分）

- 收入确认和计量（五步法）
  - 识别与客户订立的合同
    - （1）合同确认条件（同时满足）
      - ①合同各方已批准该合同并承诺履行各自义务
      - ②合同明确各方与所转让商品相关的权利义务
      - ③合同有明确的与所转让商品相关的支付条款
      - ④合同具有商业实质
        - 履行合同将改变企业未来现金流量的风险、时间分布或金额
        - 没有商业实质的非货币性资产交换，无论何时，均不确认收入
      - ⑤企业因向客户转让商品而有权取得的对价很可能收回
        - 仅考虑客户到期时支付对价的能力和意图（客户的信用风险）
      - 合同各方均有权单方面终止完全未执行的合同，且无须对合同其他方作出补偿的，该合同应被视为不存在
      - 在客户取得商品控制权时确认收入
    - （2）合同开始日即满足合同确认条件，在后续期间无须重新评估，除非有迹象表明相关事实和情况发生重大变化
    - （3）合同合并
      - ①前提 — 企业与同一客户（或该客户的关联方）同时订立或在相近时间内先后订立的两份或多份合同
      - ②条件（满足其一）
        - a. 基于同一商业目的订立并构成“一揽子交易”
        - b. 一份合同对价取决于其他合同的定价或履行情况
        - c. 所承诺的商品构成单项履约义务
    - （4）合同变更
      - ①情形一：合同变更作为单独合同进行会计处理
        - a. 合同变更增加了可明确区分的商品及合同价款
        - b. 且新增合同价款反映了新增商品单独售价
      - ②情形二：合同变更作为原合同终止及新合同订立进行会计处理
        - a. 不满足情形一
        - b. 且原合同已转让商品与未转让商品可明确区分
      - ③情形三：合同变更作为原合同的组成部分进行会计处理
        - a. 不满足情形一
        - b. 且原合同已转让商品与未转让商品不可明确区分

收入、费用和利润

- 识别合同中的单项履约义务
  - （1）单项履约义务情形
    - ①企业向客户转让可明确区分商品的承诺
      - b. 合同层面可区分

        合同层面不可明确区分情形：
        - 企业需要提供重大服务将商品进行整合以转让给客户（砖头、水泥与办公楼）；
        - 对商品进行重大修改或定制（专门定制软件）；
        - 商品之间有高度关联性（设计服务与样品服务）
    - ②企业向客户转让一系列实质相同且转让模式相同的、可明确区分商品的承诺（例如：酒店管理服务、保洁服务、健身服务等）

      企业为履行合同而开展的初始活动，通常不构成单项履约义务（俱乐部为注册会员建立档案）
  - （2）运输服务
    - ①购买方
      - a. 使存货达到预定可使用状态前的必要支出 — 计入存货成本
      - b. 其他情形 — 计入当期损益
    - ②销售方
      - a. 控制权转移前发生 — 不构成单项履约义务

        通过“合同履约成本”科目核算，结转至营业成本
      - b. 控制权转移后发生 — 构成单项履约义务
        - 按分摊至运输服务的交易价格确认收入
        - 结转运输服务的成本
- 确定交易价格
  - （1）交易价格是指企业因向客户转让商品而预期有权收取的对价金额，需要考虑合同中存在的可变对价、重大融资成分、非现金对价、应付客户对价等情况
  - （2）可变对价
    - ①识别
      - a. 合同约定 — 折扣（含现金折扣）、价格折让、退款、奖励积分、激励措施、业绩奖金、索赔，以及基于客户采购情况等给予的现金返利等
      - b. 考虑情形
        - Ⅰ. 根据企业已公开宣布的政策、特定声明或者以往的习惯做法等，客户能够合理预期企业将会接受低于合同约定的对价金额
        - Ⅱ. 其他情况表明企业在与客户签订合同时，即意图向客户提供价格折让
      - c. 企业应当区分交易价格的变动是属于合同变更还是属于可变对价
    - ②最佳估计数
      - a. 多合同、多结果 — 期望值
      - b. 仅有两个可能结果 — 最可能发生金额
    - ③限制 — 包含可变对价的交易价格，应当不超过在相关不确定性消除时，按照累计已确认的收入极可能不会发生重大转回的金额确定

收入、费用和利润

收入确认和计量（五步法）

确定交易价格

- （3）合同中存在重大融资成分
  - ①以客户在取得商品控制权时即以现金支付的应付金额（即现销价格）确定交易价格
  - ②未包含重大融资成分的情形
    - a. 客户支付了可以自行决定商品转让时间的预付款（储值卡、奖励积分等）
    - b. 客户承诺支付的对价中有相当大的部分是可变的，且该对价金额或付款时间取决于未来不可控事项是否发生（特许权使用费）
    - c. 客户承诺对价金额与现销价格的差额取决于融资利益以外的其他原因（质保金）
  - ③关注融资方
    - a. 企业融资 — 企业确认“合同负债”和“未确认融资费用”
    - b. 客户融资 — 企业确认“长期应收款”和“未实现融资收益”
- （4）非现金对价
  - ①非现金对价包括实物资产、无形资产、股权、客户提供的广告服务等
  - ②交易价格
    - a. 按照非现金对价在合同开始日的公允价值确定交易价格
    - b. 公允价值不能合理估计的，企业应当参照其承诺向客户转让商品的单独售价间接确定交易价格
  - ③非现金对价公允价值变动
    - a. 对价形式以外 — 作为可变对价
    - b. 对价形式原因 — 变动金额不计入交易价格
- （5）应付客户对价
  - ①会计处理

情形	会计处理
自客户取得其他可明确区分商品	作为采购处理，无须冲减交易价格
应付客户对价超过向客户取得可明确区分商品公允价值	超过金额应当冲减交易价格
向客户取得的可明确区分商品公允价值不能合理估计	应付客户对价全额冲减交易价格
其他情况	应付对价冲减交易价格

  - ②应付客户对价冲减交易价格时点
    - a. 确认相关收入
    - b. 支付（或承诺支付）客户对价
    - 两者孰晚的时点冲减当期收入

将交易价格分摊至各单项履约义务

- （1）合同开始日，按各单项履约义务所承诺商品的单独售价的相对比例将交易价格分摊至各单项履约义务
- （2）分摊合同折扣、可变对价
  - 与谁有关，分摊至谁

- a. 一般情形 — 按照在合同开始日所采用的基础将后续变动金额分摊
- b. 合同变更后发生后续变动
  - Ⅰ. 情形一：合同变更作为单独合同进行会计处理 — 与哪项合同相关，分摊可变对价
  - Ⅱ. 情形二：合同变更作为原合同终止及新合同订立进行会计处理，且后续变动与合同变更前已承诺可变对价相关（两步）
    - · 将后续变动额以原合同开始日确定的单独售价为基础进行分摊
    - · 将分摊至合同变更日尚未履行履约义务的该可变对价后续变动额以新合同开始日确定的基础进行二次分摊
  - Ⅲ. 其他情形
    - 将后续变动额分摊至合同变更日尚未履行（或部分未履行）的履约义务

履行各单项履约义务时确认收入

- （1）某一时段履行
  - ①确认条件（满足之一）
    - a. 客户在企业履约的同时即取得并消耗企业履约所带来的经济利益（例如：运输服务）
    - b. 客户能够控制企业履约过程中在建的商品
      - 在建商品包括在产品、在建工程、尚未完成的研发项目、正在进行的服务等
    - c. 企业履约过程中产出的商品具有不可替代用途，且该企业在整个合同期间内有权就累计至今已完成的履约部分收取款项（合格收款权）

      > 强调收取能够补偿企业已发生成本和合理利润的款项，强调在整个合同期间内任一时点有合格收款权

  - ②收入确认方法
    - a. 产出法 — 根据已转移给客户的商品对于客户的价值确定履约进度

      > 在采用产出法计量履约进度时，如果企业为履行该履约义务实际发生的成本超过了按照产出法确定的成本，这些成本是与过去已履行的履约情况相关的支出，因此，不会增加企业未来用于履行（包括持续履行）履约义务的资源，不应当作为资产确认 新

    - b. 投入法

      > 履约进度 = 累计实际发生的成本 / 预计总成本

      - Ⅰ. 根据履行履约义务的投入确定履约进度
      - Ⅱ. 已发生成本与企业履行履约义务的进度不成比例
        - 在确定履约进度时扣除某商品成本（同时满足）
          - · 商品不构成单项履约义务
          - · 客户先取得该商品控制权，之后才接受与之相关的服务
          - · 该商品的成本占预计总成本的比重较大
          - · 企业自第三方采购该商品，且未深入参与其设计和制造，对于包含该商品的履约义务而言，企业是主要责任人

        > 例：装修办公楼，并安装外购电梯，计算履约进度时需扣除电梯采购成本

收入、费用和利润

收入确认和计量（五步法）

- 履行各单项履约义务时确认收入
  - （2）某一时点履行（非某一时段）
    - ①客户取得商品控制权时确认收入
    - ②控制权转移迹象
      - a. 企业有收款权利，客户有现时付款义务
      - b. 企业已将该商品的法定所有权转移给客户
      - c. 企业已将该商品实物转移给客户
      - d. 企业已将商品所有权上主要风险和报酬转移给客户
      - e. 客户已接受该商品
      - f. 其他迹象
    - ③实物转移，控制权未转移的特殊情形
      - a. 委托代销安排 — 商品转移时，受托方未取得控制权，委托方不确认收入
      - b. 售后代管商品 — 取得控制权还需同时满足
        - · 该安排必须具有商业实质
        - · 属于客户的商品必须能够单独识别
        - · 商品可以随时交付给客户
        - · 企业不能自行使用该商品或将该商品提供给其他客户

合同资产和合同负债

- 合同资产
  - （1）企业已向客户转让商品而有权收取对价的权利，且该权利取决于时间流逝之外的因素
  - （2）与应收账款区分
    - ①应收账款
      - a. 风险 — 无条件收款权，随着时间流逝即可收款，仅需承担信用风险
      - b. 减值 — 计入信用减值损失
    - ②合同资产
      - a. 风险 — 有条件收款权，取决于其他条件（如合同中的其他履约义务）才能收取，除了信用风险还有履约风险等
      - b. 减值 — 计入资产减值损失
- 合同负债（适用收入准则）
  - （1）企业已收或应收客户对价而应向客户转让商品的义务
    - 尚未向客户履行转让商品的义务而已收或应收客户对价中的增值税部分，不应确认为合同负债（新）
  - （2）区分
    - ①预收账款 — 预收账款目前多用于企业预收的租赁款
    - ②预计负债 — 与或有事项相关的具体应用满足相关确认条件后形成的负债
- 合同结算
  - （1）合同结算一般针对建筑施工企业
  - （2）资产负债表日
    - ①“合同结算”科目借方余额代表“合同资产”
    - ②“合同结算”科目贷方余额代表“合同负债”
- 列报 — 在资产负债表中单独列示（根据流动性）
  - ①流动→“合同资产”“合同负债”
  - ②非流动→“其他非流动资产”“其他非流动负债”
  - 同一合同下的合同资产和合同负债应以净额列示，不同合同下的合同资产和合同负债不能相互抵销

例如：销售佣金；因现有合同续约或发生合同变更而支付的额外佣金

合同成本

合同取得成本

- （1）为取得合同发生的增量成本预期能够收回的，应当作为合同取得成本确认为一项资产
- （2）计入损益的支出 — 无论是否取得合同均会发生的差旅费、投标费以及为准备投标资料发生的相关费用，在发生时计入当期损益

合同履约成本

- （1）确认为一项资产（同时满足）
  - ①该成本与一份当前或预期取得的合同直接相关
  - ②该成本增加了企业未来用于履行（或持续履行）履约义务的资源
  - ③该成本预期能够收回
- （2）以下支出发生时计入当期损益
  - ①管理费用
  - ②非正常消耗的直接材料、直接人工和制造费用
  - ③与企业过去的履约活动相关的支出
  - ④无法在尚未履行和已履行的履约义务之间区分的相关支出

摊销

合同取得成本与合同履约成本应当采用与商品收入确认相同的基础（时点 / 时段）进行摊销，计入当期损益

减值

- （1）计提减值
  - 借：资产减值损失
  - 　贷：合同取得成本减值准备
  - 　　　合同履约成本减值准备
- （2）减值准备计提后，可以转回

特定交易的会计处理

附有销售退回条款的销售

- （1）确认收入和负债
  - ①按照因向客户转让商品而预期有权收取的金额（不包含预期将退还的金额）确认收入（营业收入）
  - ②因销售退回将退还的金额，确认为“预计负债”

  借：银行存款、应收账款等
  　贷：主营业务收入
  　　　预计负债（预计退货率 × 交易价格）
  　　　应交税费——应交增值税（销项税额）

- （2）确认资产结转成本
  - ①按照预期将退回商品转让时的账面价值，扣除收回该商品预计发生的成本（包括退回商品的价值减损）后的余额，确认为“应收退货成本”
  - ②按照所转让商品转让时的账面价值，扣除上述资产成本的净额结转成本

  借：主营业务成本
  　　应收退货成本（预计退货率 × 商品总成本）
  　贷：库存商品

- （3）资产负债表日根据预计退货率进行调整
  - 借或贷：预计负债
  - 　贷或借：主营业务收入
  - 借或贷：主营业务成本
  - 　贷或借：应收退货成本

收入、费用和利润

特定交易的会计处理

与识别履约义务相关

先评估是否构成单项履约义务，若构成，需要分摊交易价格

- （1）附有质量保证条款的销售
  - ①保证类质保
    - a. 为了保证该商品符合既定标准，一般按照法定要求，例如：国家“三包法”的规定
    - b. 一般按照或有事项准则，确认预计负债，并计入主营业务成本
    - c. 客户能够选择单独购买质量保证的，通常构成单项履约义务，例如：单独购买的延长保险服务
  - ②服务类质保
    - a. 期限较长，可单独购买，并非法律义务而是合同义务，一般情况下应作为单项履约义务
    - b. 按照收入准则，分摊交易价格，确认为合同负债，满足条件后，转入收入
  - 无法合理区分两者时，将两者一起作为单项履约义务进行会计处理
- （2）附有客户额外购买选择权（超额权利）的销售
  - ①形式 — 销售激励、客户奖励积分、未来购买商品的折扣券、合同续约选择权等
  - ②确认 — 在客户未来行使购买选择权取得相关商品控制权时，或者选择权失效时，确认收入
- （3）授予客户知识产权许可
  - ①软件和技术、影视和音乐等的版权、特许经营权以及专利权、商标权和其他版权等
  - ②“某一时段履行”条件（同时满足）
    - a. 企业将从事对该项知识产权有重大影响的活动
    - b. 该活动对客户将产生有利或不利影响
    - c. 该活动不会导致向客户转让商品
  - ③不能同时满足上述三个条件时，作为在“某一时点履行”的履约义务
  - ④收入确认时点（孰晚）
    - a. 客户后续销售或使用行为实际发生
    - b. 企业履行相关履约义务

主要责任人与代理人

- （1）主要责任人
  - ①向客户转让商品前能控制该商品 — 是否拥有控制权应考虑的事实和情况
    - a. 企业承担向客户转让商品的主要责任
    - b. 企业在转让商品之前或之后承担了该商品的存货风险
    - c. 企业有权自主决定所交易商品的价格
  - ②按已收或应收对价总额确认收入（总额法）
- （2）代理人
  - ①非主要责任人

- 售后回购
  - （1）企业因远期安排而负有回购义务或享有回购权利
    - ①回购价＜原售价→租赁交易
    - ②回购价＞原售价→融资交易
  - （2）企业负有应客户要求回购商品义务
    - ①具有重大经济动因
      - a. 回购价＜原售价→租赁交易
      - b. 回购价＞原售价→融资交易
    - ②不具有重大经济动因 — 附有销售退回条款的销售
- 客户未行使权利
  - （1）先将该款项确认为负债（合同负债），待履行了相关履约义务时，再转为收入
  - （2）确认收入
    - ①企业预收款项无须退回且客户可能会放弃全部或部分合同权利 — 根据客户行使合同权利的模式按比例确认收入
    - ②客户要求其履行剩余履约义务的可能性极低 — 将负债的相关余额转为收入
- 无须退回的初始费
  - 初始费是否与向客户转让已承诺的商品相关
    - 是，并且构成单项履约义务 → 企业应在转让该商品时，按照分摊至该商品的交易价格确认收入
    - 是，但不构成单项履约义务 → 企业应在包含该商品单项履约义务履行时，按照分摊至该单项履约义务的交易价格确认收入
    - 否 → 该初始费应作为未来将转让商品的预收款，在未来转让该商品时确认为收入

PPP

- 基本概念
  - （1）双特征
    - ①社会资本方（企业）在合同约定的运营期间内代表政府方使用 PPP 项目资产提供公共产品和服务
    - ②社会资本方在合同约定期间内就其提供的公共产品和服务获得补偿
  - （2）双控制
    - ①政府方控制或管制社会资本方使用 PPP 项目资产必须提供的公共产品和服务的类型、对象和价格
    - ② PPP 项目合同终止时，政府方通过所有权、收益权或其他形式控制 PPP 项目资产的重大剩余权益
  - （3）与一般收入合同的区别
    - ①社会资本方的客户可能既有政府也有公共产品和服务的使用者
    - ② PPP 项目资产实质上是由政府方控制，而非社会资本方
    - ③社会资本方获得的补偿存在不同模式（特许经营权或可确定金额的现金）

收入、费用和利润

PPP

会计处理

- （1）识别合同中的单项履约义务
  - ①建造服务（某一时段）— 对应客户为政府方
  - ②运营服务（某一时段）— 对应客户为公共产品和服务的使用者
  - ③维护服务
    - Ⅰ. 是 — 执行收入准则，按履约进度确认收入，结转成本
    - Ⅱ. 否 — 执行或有事项准则，确认预计负债
- （2）借款费用的会计处理
  - ①对于确认无形资产的部分（无形资产模式 / 混合模式），相关借款费用满足资本化条件的，应予以资本化，计入 PPP 借款支出，达到预定可使用状态时，结转至无形资产
  - ②除上述以外的其他情形，应予以费用化，计入财务费用
- （3）自政府方取得现金或其他资产 — 该资产构成政府方应付合同对价的一部分，社会资本方应按照收入准则的规定进行处理，不应作为政府补助
- （4）企业对 PPP 项目资产的会计处理
  - ①无形资产模式
    - 有权向获取公共产品和服务的对象收取费用，但收费金额不确定
      - 相关项目资产确认为无形资产
  - ②金融资产模式
    - 有权（一般为向政府方）收取可确定金额的现金（或其他金融资产）
      - 相关项目资产应确认为应收账款
  - ③混合模式
    - 对价金额或确认的建造收入金额＞有权收取可确定金额的现金（或其他金融资产）
      - 确定部分确认为应收账款，超出部分确认为无形资产

笔记区

第十八章 政府补助

（考 2 ~ 4 分）

政府补助

概述

- 定义
  - （1）企业从政府无偿取得货币性资产或非货币性资产
  - （2）常见分类

分类	项目	说明
属于政府补助	无偿拨款、税收返还、财政贴息，以及无偿给予非货币性资产等	需要从政府无偿取得货币性资产或非货币性资产
不属于政府补助	直接减征、免征、增加计税抵扣额、抵免部分税额、出口退税等	不涉及资产直接转移的经济资源

- 特征
  - （1）是来源于政府的经济资源
    - ①企业收到来源于其他方的补助，如有确凿证据表明政府是补助的实际拨付者，其他方只是起到代收代付的作用，则补助也属于来源于政府的经济资源
    - ②增值税出口退税实际上是政府退回企业事先垫付的进项税，不属于政府补助
  - （2）无偿取得
    - ①政府以企业所有者身份向企业投入资本，并享有相应的所有者权益，政府与企业之间属于互惠交易。该投资不属于政府补助
    - ②企业从政府取得的经济资源，如果与企业销售商品或提供劳务等活动有关，且构成商品或服务的对价或者是对价的组成部分，应执行收入准则的规定，不属于政府补助

总原则

- （1）通常情况下，对同类或类似政府补助业务只能选用一种方法，同时，企业对该业务应当一贯地运用该方法，不得随意变更
- （2）政府补助
  - ①与日常活动相关 —— 计入其他收益或冲减相关成本费用
  - ②与日常活动无关 —— 计入营业外收支

（1）与资产相关的政府补助

- ①总额法
  - a. 取得政府补助时 —— 将补助金额计入递延收益
    - 借：银行存款等
    - 贷：递延收益
  - b. 摊销政府补助时
    - Ⅰ. 先收到补助金，后购建长期资产
      - 在开始对相关资产计提折旧 / 摊销时，将递延收益分期计入损益
    - Ⅱ. 先购建长期资产，后收到补助金
      - 在相关资产的剩余使用寿命内按照合理、系统的方法将递延收益分期计入损益
    - 借：递延收益
    - 贷：其他收益（日常活动）
    - 营业外收入（非日常活动）
  - c. 相关资产在使用寿命结束时或结束前被处置

- **会计处理**
  - 分类
    - ②净额法
      - 贷：递延收益
      - b. 摊销政府补助时 — 按照扣减了政府补助后的资产价值对相关资产计提折旧或进行摊销
        - 借：递延收益
        - 贷：固定资产等
    - (2) 与收益相关的政府补助
      - ①原则
        - a. 总额法 — 应当计入其他收益或营业外收入
        - b. 净额法 — 应当冲减相关成本费用或营业外支出
      - ②具体处理
        - a. 补偿企业以后期间的相关成本费用或损失的
          - Ⅰ. 收到时 — 确认递延收益
            - 借：银行存款等
            - 贷：递延收益
          - Ⅱ. 在确认相关费用或损失的期间
            - · 总额法→计入其他收益或营业外收入
              - 借：递延收益
              - 贷：其他收益（日常活动）
              - 营业外收入（非日常活动）
            - · 净额法→冲减相关成本费用或营业外支出
              - 借：递延收益
              - 贷：管理费用（日常活动）
              - 营业外支出（非日常活动）
        - b. 补偿企业已发生的相关成本费用或损失的
          - 直接计入当期损益或冲减相关成本
            - · 总额法
              - 借：银行存款 / 其他应收款等
              - 贷：其他收益 / 营业外收入
            - · 净额法
              - 借：银行存款 / 其他应收款等
              - 贷：管理费用 / 营业外支出
  - 政府补助的退回
    - (1) 初始确认时冲减相关资产账面价值的（与资产相关——净额法） — 调整账面价值
    - (2) 存在相关递延收益的（一般是与资产相关——总额法）
      - ①冲减相关递延收益账面余额
      - ②超出部分计入当期损益
    - (3) 属于其他情况的（与收益相关） — 直接计入当期损益
  - 综合性项目政府补助
    - (1) 区分与资产相关的政府补助和与收益相关的政府补助，并分别进行会计处理
    - (2) 难以区分的，整体归为与收益相关的政府补助进行会计处理
- **列报**
  - 日常经营活动 — 记入"其他收益"项目，影响营业利润
  - 非日常经营活动 — 记入"营业外收支"项目，影响利润总额

第十九章 所得税

（考 5 ~ 7 分）

所得税

所得税核算一般程序

计算暂时性差异

（1）资产账面价值与计税基础的差额

（2）负债账面价值与计税基础的差额

确认递延所得税

（1）递延所得税资产 — 可抵扣暂时性差异期末余额 × 适用税率（未来）

（2）递延所得税负债 — 应纳税暂时性差异期末余额 × 适用税率（未来）

（3）上述计算所得递延所得税需与期初余额对比，确定当期应予以进一步确认或转销的递延所得税

确认当期所得税

（1）应交税费（应交所得税）= 应纳税所得额 × 适用税率（本期）

（2）应纳税所得额 = 会计利润总额 + 纳税调增 − 纳税调减

调增 / 调减项即为税会差异产生处，是否需要确认递延需要根据具体情况判断

确定所得税费用

（1）所得税费用 = 当期所得税费用 + 递延所得税费用

（2）递延所得税 =（递延所得税负债的期末余额 − 递延所得税负债的期初余额）−（递延所得税资产的期末余额 − 递延所得税资产的期初余额）

资产的计税基础

（1）资产在未来期间收回该资产的账面价值时，计税时按照税法规定可以税前扣除的总金额

①固定资产

- a. 初始取得时，账面价值 = 计税基础
- b. 后续计量时
  - Ⅰ. 折旧
    - 计税基础 = 固定资产原值 − 按税法规定计提的累计折旧
  - Ⅱ. 减值
    - · 税法规定企业计提的资产减值损失在发生实质性损失前不允许税前扣除
    - · 在减值准备转变为实质性损失前，会造成固定资产账面价值与计税基础的差异

- a. 非研发的无形资产 — 计税基础 = 无形资产原值 − 按税法规定计提的累计摊销

资产、负债的计税基础

- (2) 常见资产
  - ②无形资产
    - Ⅰ. 计税基础 = （无形资产原值 – 按税法规定计提的累计摊销）× 200%（根据题目规定）
    - Ⅱ. 例外条款（同时满足）
      - · 该无形资产不是产生于企业合并交易
      - · 在确认时既不影响会计利润也不影响应纳税所得额

      初始取得与持有过程中均不确认暂时性差异的所得税影响
    - c. 使用寿命不确定的无形资产
      - Ⅰ. 会计处理不予摊销，每年进行减值测试
      - Ⅱ. 税法规定在一定期限内摊销且确定的摊销额允许税前扣除

      计税基础 = 无形资产原值 – 按税法规定计提的累计摊销
    - d. 减值 — 税法规定企业计提的资产减值损失在发生实质性损失前不允许税前扣除
  - ③以公允价值计量且其变动计入当期损益的金融资产 — 计税基础 = 取得时的历史成本
  - ④投资性房地产
    - a. 采用成本模式计量
      - 计税基础 = 投资性房地产原值 – 按税法规定计提的投资性房地产累计折旧 / 摊销
    - b. 采用公允价值模式计量
      - 计税基础 = 投资性房地产原值 – 按税法规定计提的投资性房地产累计折旧 / 摊销
  - ⑤债权投资 — 计税基础 = 摊余成本（计提的减值准备除外）
  - ⑥其他计提减值准备的资产 — 税法规定计提的减值准备在转变为实质性损失前不允许税前扣除

负债的计税基础

- (1) 负债的计税基础 = 负债的账面价值 – 未来期间计算应纳税所得额时按照税法规定可予税前扣除的金额
- (2) 预计负债
  - ①税法规定相关支出可以税前扣除 — 计税基础 =0
  - ②税法规定相关支出不可以税前扣除 — 计税基础 = 账面价值
- (3) 合同负债
  - ①税法将其计入当期应纳税所得额 — 计税基础 =0
  - ②税法未将其计入当期应纳税所得额 — 计税基础 = 账面价值
- (4) 应付职工薪酬 — 税法规定超出部分以后期间不允许税前扣除 — 账面价值 = 计税基础
- (5) 罚款、滞纳金等 — 税法规定不能税前扣除 — 计税基础 = 账面价值

所得税

递延所得税的确认和计量

递延所得税负债

- （1）应纳税暂时性差异
  - ①资产 — 账面价值＞计税基础
  - ②负债 — 账面价值＜计税基础
- （2）确认（谨慎性原则）
  - ①除特殊情况外，企业对所有应纳税暂时性差异应确认相关的递延所得税负债
  - ②递延所得税负债的对应科目可能是所得税费用、资本公积、留存收益、其他综合收益等
- （3）不确认
  - ①非同控＋免税合并形成的商誉
  - ②除企业合并外，相关交易事项发生时既不影响会计利润也不影响应纳税所得额，交易事项发生时产生的暂时性差异不确认递延所得税
  - ③对子公司、联营企业、合营企业的投资（同时满足）
    - a. 投资企业能够控制暂时性差异转回时间
    - b. 该暂时性差异在可预见的未来很可能不会转回
  - ④准备长期持有的权益法核算的长期股权投资
- （4）计量 — 以相关应纳税暂时性差异转回期间按照税法规定适用的所得税税率计量（未来）

递延所得税资产

- （1）可抵扣暂时性差异
  - ①资产 — 账面价值＜计税基础
  - ②负债 — 账面价值＞计税基础
  - ③特殊项目
    - a. 未作为资产、负债确认的项目
      - 如：广告费和业务宣传费支出
      - 扣除标准
        - 销售收入 ×15%
        - 超过部分准许结转以后扣除
      - 产生可抵扣差异，确认递延所得税资产
    - b. 可结转以后扣除的未弥补亏损
    - c. 税款抵减
- （2）确认 — 递延所得税资产的确认应以未来期间可能取得的应纳税所得额为限
- （3）不确认 — 交易事项不属于企业合并，交易发生时既不影响会计利润也不影响应纳税所得额（一般特指自行研发的无形资产）（发生时不确认递延所得税资产）
- （4）减值 — 递延所得税资产的减值，在后续相关经济利益实现时，可以转回
- （5）计量 — 以预期收回该资产期间的适用所得税税率为基础（未来）

特殊交易事项递延所得税确认

与直接计入所有者权益的交易或事项相关的所得税

- (1) 会计政策变更（追溯调整法）及前期差错更正（追溯重述法）
- (2) 以公允价值计量且其变动计入其他综合收益的金融资产公允价值变动
- (3) 同时包含负债成分和权益成分的金融工具初始确认时产生的所有者权益
- (4) 非投资性房地产转为公允价值计量模式后续计量的投资性房地产，公允价值大于账面价值的差额

当期及递延所得税均计入所有者权益（其他综合收益）

与企业合并相关的递延所得税

- (1) 商誉相关 — 商誉初始确认
  - a. 账面价值 — 合并成本 − 购买日被投资方可辨认净资产公允价值的份额
  - b. 计税基础
    - Ⅰ. 免税合并 — 计税基础 =0
    - Ⅱ. 应税合并 — 计税基础 = 账面价值；无差异

  形成暂时性差异，但无须确认递延所得税

- (2) 购买日资产评估增值
  - ①该资产账面价值 — 购买日评估后的公允价值
  - ②该资产计税基础 — 购买日该资产的原账面价值

  账面价值＞计税基础 —
  - 应纳税暂时性差异
  - 确认递延所得税负债，计入资本公积

- (3) 购买日取得被购买方的可抵扣暂时性差异（未弥补亏损），但不满足递延所得税资产确认条件
  - ①同时满足
    - a. 购买日后 12 个月内
    - b. 取得新的或进一步的信息表明购买日的相关情况已经存在
    - c. 可抵扣暂时性差异带来的经济利益能够实现

    确认递延所得税资产并冲减商誉，商誉不足冲减的，计入当期损益（所得税费用）
  - ②不满足上述条件 — 相关递延所得税资产计入当期损益（所得税费用）

与权益结算股份支付相关的递延所得税

- (1) 税法规定相关支出不允许税前扣除 — 不形成暂时性差异
- (2) 税法规定相关支出允许税前扣除

  借：递延所得税
  　贷：所得税费用
  　　资本公积——其他资本公积

  - ①递延所得税资产 — （期末股票价格 − 行权应支付的价格）× 行权人数最佳估计数 × 每人持股数 × 时间权重 × 所得税税率

    实际行权时股票公允价值与激励对象支付的行权金额之间的差额
  - ②所得税费用
    - a. 等待期内确认的成本费用 × 所得税税率
    - b. 等待期内确认的成本费用 = 授予日权益工具公允价值 × 行权人数最佳估计数 × 每人持股数 × 时间权重
  - ③资本公积 — 未来可抵扣金额与等待期内确认的成本费用之间的差额

所得税

特殊交易事项递延所得税确认

- 与单项交易相关的递延所得税
  - （1）在交易发生时分别确认相应的递延所得税资产和递延所得税负债（同时满足）
    - ①不是企业合并
    - ②发生时既不影响会计利润也不影响应纳税所得额
    - ③初始确认的资产和负债导致产生等额应纳税暂时性差异和可抵扣暂时性差异的单向交易
  - （2）适用情形
    - ①承租人在租赁期开始日初始确认租赁负债并计入使用权资产的租赁交易
    - ②因固定资产等存在弃置义务而确认预计负债并计入相关资产成本的交易

所得税费用

- 计量
  - （1）所得税费用 = 当期所得税 + 递延所得税
  - （2）当期所得税（应交税费（应交所得税））
    - ①当期所得税 = 应纳税所得额 × 税率（本期）
    - ②应纳税所得额 = 会计利润总额 + 纳税调增 − 纳税调减
  - （3）递延所得税
    - ①递延所得税 =（递延所得税负债的期末余额 − 递延所得税负债的期初余额）−（递延所得税资产的期末余额 − 递延所得税资产的期初余额）
    - ②不包含计入所有者权益的交易或事项的所得税影响
- 列报
  - （1）递延所得税资产和递延所得税负债一般应作为非流动资产和非流动负债在资产负债表中列示
    - ①个表 — 一般情况下可以以抵销后的净额列示
    - ②合表 — 一般不能予以抵销
  - （2）所得税费用在利润表中单独列示

笔记区

第二十章 非货币性资产交换

（考2分）

非货币性资产交换

概念

- 分类
  - 资产按未来经济利益流入是否固定或可确定划分
  - （1）货币性资产
    - ①特征：企业持有的货币资金和收取固定或可确定金额的货币资金的权利
    - ②现金、银行存款、应收账款、应收票据等
  - （2）非货币性资产
    - ①特征：将来为企业带来的经济利益是不固定或不可确定的
    - ②存货、固定资产、在建工程、投资性房地产、无形资产、长期股权投资等
- 非货币性资产交换交易
  - （1）特征
    - ①交易对象主要是非货币性资产
    - ②是一个企业与另一个企业之间的互惠转让
    - ③可能会涉及少量的货币性资产（补价）
  - （2）涉及补价的影响（补价占整个资产交换金额的比例）
    - 低于25%，视为非货币性资产交换
  - （3）判断 — 企业应从自身角度结合业务实质进行判断
    - 例：投资方以固定资产出资取得对被投资方的权益性投资
      - a. 投资方角度 — 属于非货币性资产交换
      - b. 被投资方角度 — 属于接受权益性投资
  - （4）不执行非货币性交换准则的交易或事项
    - ①企业以存货换取客户的非货币性资产的，适用收入准则
    - ②交换中涉及企业合并的，适用长期股权投资、企业合并、合并财务报表准则
    - ③交换中涉及金融资产的，适用金融工具准则
    - ④交换中涉及使用权资产和应收融资租赁款的，适用租赁准则
    - ⑤交换中构成权益性交易的，按照相关准则进行处理
    - ⑥从政府无偿取得非货币性资产的，适用政府补助准则
    - ⑦以非货币性资产向职工发放非货币性福利的，适用职工薪酬准则
  - （5）常见执行非货币性资产交换准则的交易
    - ①以固定资产换取其他企业存货、固定资产、无形资产、投资性房地产和长期股权投资（权益法）
    - ②以无形资产换取其他企业存货、固定资产、无形资产、投资性房地产和长期股权投资（权益法）
    - ③以投资性房地产换取其他企业存货、固定资产、无形资产、投资性房地产和长期股权投资（权益法）
    - ④以长期股权投资（权益法）换取其他企业存货、固定资产、无形资产、投资性房地产和长期股权投资（权益法）

会计处理

- 以公允价值为基础（公允价值与换出资产账面价值的差额计入当期损益）
  - （1）条件（同时满足）
    - ②换入或换出资产的公允价值能够可靠计量
  - （2）商业实质的判断（满足其一）
    - ①换入资产的未来现金流量在风险、时间分布或金额方面与换出资产显著不同
    - ②使用换入资产所产生的预计未来现金流量现值与继续使用换出资产所产生的预计未来现金流量现值不同，且其差额与换入资产和换出资产的公允价值相比是重大的
  - （3）单项资产交换
    - ①换入资产的成本
      - a. 以换出资产公允价值和相关税费为基础计量
      - b. 除非有确凿证据证明换入资产公允价值更可靠
        - 以换入资产公允价值计量
    - ②涉及补价
      - a. 支付补价方
        - Ⅰ. 换入资产入账金额 = 换出资产公允价值 + 支付补价的公允价值 + 应计入换入资产成本的相关税费 +（增值税销项税额 − 增值税进项税额）
        - Ⅱ. 换出资产公允价值与账面价值之间的差额计入当期损益
      - b. 收到补价方
        - Ⅰ. 换入资产成本 = 换出资产公允价值 − 收到补价的公允价值 + 应计入换入资产成本的相关税费 +（增值税销项税额 − 增值税进项税额）
        - Ⅱ. 换出资产公允价值与账面价值之间的差额计入当期损益
    - ③换出不同资产公允价值与账面价值之间产生的差额的会计处理
      - a. 换出资产为固定资产、无形资产、在建工程的，差额计入资产处置损益
      - b. 换出资产为长期股权投资的，差额计入投资收益
      - c. 换出资产为投资性房地产的，确认其他业务收入，结转其他业务成本
  - （4）多项资产交换
    - ①以换出资产的公允价值为基础计量
      - a. 换入资产中的金融资产 — 适用金融工具相关准则
      - b. 其他资产价值的确定
        - 按照换入资产公允价值（无法确定时用账面价值）的相对比例，将换出资产公允价值（扣除金融资产公允价值）进行分摊
    - ②以换入资产的公允价值为基础计量
      - a. 换入资产中的金融资产适用金融工具相关准则
      - b. 以换入资产的公允价值和相关税费为基础计量换入的资产价值

非货币性资产交换

- 会计处理
  - 以账面价值为基础（无论是否支付补价，均不确认损益）
    - （1）条件
      - ①不具有商业实质
      - ②换入资产和换出资产公允价值均不能可靠计量
    - （2）单项资产交换
      - ①换入资产成本以换出资产的账面价值和相关税费为基础计量
      - ②不涉及补价 — 换入资产入账价值 = 换出资产的账面价值 + 应计入换入资产成本的相关税费 +（增值税销项税额 − 增值税进项税额）
      - ③涉及补价
        - a. 支付补价方
          - 换入资产入账金额 = 换出资产的账面价值 + 支付补价的账面价值 + 应计入换入资产成本的相关税费 +（增值税销项税额 − 增值税进项税额）
        - b. 收到补价方
          - 换入资产成本 = 换出资产账面价值 − 收到补价的公允价值 + 应计入换入资产成本的相关税费 +（增值税销项税额 − 增值税进项税额）
    - （3）多项资产交换 — 换入资产价值的确定 — 按照换入资产公允价值（无法确定时用账面价值）相对比例，将换出资产账面价值总额进行分摊，作为基础计量

笔记区

第二十一章 债务重组

（考5分）

债务重组

- **概述**
  - 特征
    - （1）不改变交易对手方
    - （2）重新达成协议
      - ①不强调债务人发生财务困难
      - ②不考虑债权人是否作出让步
  - 债权和债务的范围 — 是金融工具准则规范的债权和债务，不包含合同资产、合同负债、预计负债等，但包含租赁应收款和租赁应付款
  - 债务重组的范围（豁免适用）
    - （1）债务人以股权投资清偿债务
    - （2）债务人将债务转为权益工具
      - 若形成企业合并，适用合并准则
    - （3）债务重组构成权益性交易的 — 债权人和债务人不确认债务重组相关损益
    - （4）债务重组不构成权益性交易的确认相关损益
    - （5）经法院裁定进行债务重整并按持续经营进行会计核算的，属于债务重组 新
- **方式**
  - 债务人以资产清偿债务 — 相关资产包括金融资产和非金融资产
  - 债务人将债务转为权益工具 — 实质为原来的债权人变成了现在的股东
  - 修改其他条款
    - （1）主要涉及调整债务本金、改变债务利息、变更还款期限等
    - （2）形成新的重组债权和重组债务
  - 组合方式 — 上述三种方式中一种以上的组合
- 债权和债务终止确认原则
  - （1）债权和债务的终止确认，应当遵循金融工具相关准则的规定
  - （2）在报告期间已经开始协商，但在报告期资产负债表日后的债务重组，不属于日后调整事项
  - （3）债权人 — 实质为金融资产（应收债权）的终止确认，相关损益均计入投资收益

- (4) 债务人
  - ②其他情形
    - a. 以金融资产清偿
    - b. 将债务转为权益工具
    - c. 修改其他条款
    - d. 组合方式（仅涉及金融工具）
    - 相关损益计入投资收益

会计处理

债权人的会计处理

差额均计入投资收益

- (1) 以资产清偿债务或将债务转为权益工具
  - ①受让金融资产
    - a. 适用金融工具准则
    - b. 金融资产初始确认时以公允价值计量
    - c. 金融资产确认金额与债权终止确认日账面价值之间的差额计入投资收益
  - ②受让非金融资产
    - a. 可能涉及资产
      - 存货、对联营企业合营企业投资的成本、投资性房地产、固定资产、生物资产、无形资产等
    - b. 受让资产入账价值 — 放弃债权的公允价值 + 可直接归属于受让资产的相关税费
    - c. 放弃债权的公允价值与账面价值之间的差额计入投资收益
  - ③同时受让金融资产和非金融资产
    - a. 先确定金融资产入账价值 — 按实际收到金融资产的公允价值入账
    - b. 再确定其他资产价值
      - Ⅰ. 分摊基础：放弃债权在合同生效日的公允价值 − 受让金融资产当日公允价值后的净额
      - Ⅱ. 分摊原则：按非金融资产在合同生效日的公允价值比例分摊
      - Ⅲ. 入账价值：按分摊后价值入账
    - c. 放弃债权的公允价值与账面价值之间的差额计入投资收益
  - ④受让处置组
    - a. 先确定金融资产和负债的入账价值 — 按实际收到金融资产的公允价值入账
    - b. 再确定其他资产价值
      - Ⅰ. 分摊基础：放弃债权在合同生效日的公允价值 + 承担的处置组中负债的确认金额 − 受让金融资产当日公允价值后的净额
      - Ⅱ. 分摊原则：按非金融资产在合同生效日的公允价值比例分摊
      - Ⅲ. 入账价值：按分摊后价值入账
    - c. 放弃债权的公允价值与账面价值之间的差额计入投资收益

债务重组

- 会计处理
  - 债权人的会计处理
    - (1) 以资产清偿债务或将债务转为权益工具 — ⑤债权人将受让的资产或处置组划分为持有待售类别
      - a. 初始计量时，比较假定其不划分为持有待售类别情况下的初始计量金额和公允价值减去出售费用后的净额，以两者孰低计量
      - b. 减计的金额确认资产减值损失（链接第十五章）
    - (2) 修改其他条款
      - ①债权终止确认
        - a. 按修改后的条款以公允价值初始计量新的金融资产
        - b. 新金融资产确认金额与债权终止日账面价值（旧）的差额，计入投资收益
      - ②债权未终止确认 — 继续按金融工具准则确认计量原债权
    - (3) 组合方式
      - ①一般认为对全部债权的合同条款作出了实质性修改，终止确认全部债权，按照修改后的条款确认新的金融资产
      - ②放弃债权的公允价值与原债权的账面价值的差额计入投资收益
  - 债务人的会计处理
    - (1) 以资产清偿债务
      - ①以金融资产清偿（差额计入投资收益）
        - a. 债务账面价值与偿债金融资产（含长期股权投资）账面价值之间的差额计入投资收益
        - b. 注意
          - Ⅰ. 以“其他债权投资”清偿债务
            - 持有期间产生的其他综合收益转入投资收益
          - Ⅱ. 以“其他权益工具投资”清偿债务
            - 持有期间产生的其他综合收益转入留存收益
      - ②以非金融资产清偿（差额计入其他收益）
        - a. 无须区分资产处置损益与债务重组损益，可简化处理
        - b. 将清偿债务账面价值与转让资产账面价值的差额，计入其他收益
        - c. 债务重组不属于企业的日常活动，债务人以日常活动产出的产品或服务清偿债务的，不能按收入准则确认收入，差额计入其他收益
    - (2) 将债务转为权益工具
      - ①权益工具入账价值
        - a. 按照权益工具的公允价值计量
        - b. 权益工具公允价值不能可靠计量的，按所清偿债务的公允价值计量
      - ②清偿债务账面价值与权益工具确认金额之间的差额计入投资收益
      - ③债务人因发行权益工具而支出的相关税费等，应当依次冲减资本溢价、盈余公积、未分配利润等
    - (3) 修改其他条款
      - ①债务终止确认
        - a. 按照公允价值计量重组债务
        - b. 终止确认的债务账面价值与重组债务确认金额之间的差额计入投资收益
      - ②债务未终止确认 — 按金融工具准则确认计量
    - (4) 组合方式 — 清偿债务账面价值与转让资产账面价值以及权益工具和重组债务的确认金额之和的差额，计入其他收益或投资收益（仅涉及金融工具时）

第二十二章 外币折算

（考2分）

外币折算

记账本位币的确定

- 企业确定的记账本位币只有一种，该货币一经确定不得改变，除非企业经营所处的主要经济环境发生重大变化
- 境外经营记账本位币的确定
  - （1）对其所从事的活动是否拥有很强的自主性
  - （2）与企业的交易是否在境外经营活动中占有较大比重
  - （3）境外经营产生的现金流量是否直接影响企业的现金流量，是否可以随时汇回
  - （4）境外经营活动产生的现金流量是否足以偿还其现有债务和可预期的债务
- 记账本位币变更 — 采用变更当日的即期汇率将所有项目进行折算，不产生汇兑差额

外币交易的会计处理

- 外币交易
  - （1）企业发生以外币计价或者结算的交易
  - （2）包括买入或者卖出以外币计价的商品或劳务、借入或借出外币资金等
- 初始确认
  - （1）一般情况 — 采用交易日的即期汇率或即期汇率的近似汇率将外币金额折算
  - （2）特殊情况 — 企业接受投资者以外币投资时，采用交易日即期汇率，不产生外币折算差额

    提示：无论是否有合同约定汇率，均采用交易日即期汇率
- （1）外币货币性项目
  - ①内容
    - a. 货币性项目是企业持有的货币和将以固定或可确定金额的货币收取的资产或者偿付的负债（链接第二十章）
    - b. 货币性资产 — 现金、银行存款、应收账款、其他应收款、长期应收款、债权投资、其他债权投资等
    - c. 货币性负债 — 应付账款、其他应付款、短期借款、应付债券、长期应付款等
    - d. 提示：预收账款、预付账款、合同资产、合同负债均不属于货币性项目
  - ②期末会计处理　以当日即期汇率进行折算，汇兑差额计入当期损益
  - ③特殊说明 — 借入的外币专门借款，在借款资本化期间，相关汇兑差额应当予以资本化
- ①内容 — 预付账款、预收账款、存货、长期股权投资、交易性金融资产、固定资产、无形资产等

- 期末调整或结算
  - （2）外币非货币性项目
    - ②会计处理
      - a. 以历史成本计量的项目（汇率不变）
        - Ⅰ. 固定资产、无形资产、外币预收账款、预付账款、合同资产、合同负债等
        - Ⅱ. 在资产负债表日采用交易发生日的即期汇率折算
        - Ⅲ. 不产生汇兑差额
      - b. 以成本与可变现净值孰低计量的存货（以记账本位币比较）
        - Ⅰ. 先将可变现净值按资产负债表日即期汇率折算为记账本位币
        - Ⅱ. 再与以记账本位币反映的存货成本进行比较
        - Ⅲ. 差额计入资产减值损失
      - c. 以公允价值计量的股票、基金等（先折算，再比较）
        - Ⅰ. 交易性金融资产（链接第十三章）
        - Ⅱ. 先将期末公允价值按当日即期汇率折算为记账本位币
        - Ⅲ. 再与原记账本位币金额进行比较
        - Ⅳ. 差额计入公允价值变动损益
  - （3）特殊说明
    - ①以公允价值计量且其变动计入其他综合收益的外币货币性金融资产（其他债权投资）
    - ②以公允价值计量且其变动计入其他综合收益的外币非货币性金融资产（其他权益工具投资）
    - 总结
      - a. 与本金相关
        - Ⅰ. 汇兑差额
          - · 其他债权投资 — 财务费用
          - · 其他权益工具投资 — 其他综合收益
        - Ⅱ. 公允价值变动 — 均计入其他综合收益
      - b. 与利息 / 股利相关
        - Ⅰ. 汇兑差额 — 均计入财务费用
        - Ⅱ. 利息 / 股利收益 — 均计入投资收益

外币财务报表折算

- 资产负债表
  - （1）资产、负债（采用资产负债表日即期汇率折算）
  - （2）所有者权益 — 除“未分配利润”外，采用发生时即期汇率折算
  - （3）特殊说明
    - ①未分配利润 — 多年多个汇率合计的结果
    - ②盈余公积
      - a. 采用发生时即期汇率折算
      - b. 期初盈余公积多年多个汇率合计的结果

外币折算

- 外币财务报表折算
  - 利润表 — 收入、费用：交易发生日即期汇率或即期汇率的近似汇率
  - 特殊项目处理
    - （1）少数股东应分担的外币报表折算差额
      - ①并入少数股东权益列示于合并资产负债表
      - ②借：其他综合收益
        贷：少数股东权益
    - （2）实质上构成对境外经营净投资的外币货币性项目产生的汇兑差额
      - ①以母公司或子公司的记账本位币反映 — 将汇兑差额转入“其他综合收益”项目
      - ②以母、子公司的记账本位币以外的货币反映 — 将母、子公司产生的汇兑差额相互抵销，差额转入“其他综合收益”项目

笔记区

第二十三章 财务报告

（考4分）

财务报告

- **财务报表概述**
  - 组成部分：资产负债表、利润表、现金流量表、所有者权益（或股东权益）变动表、附注
  - 列报
    - （1）财务报表项目应当以总额列报，资产和负债、收入和费用、直接计入当期利润的利得和损失项目的金额不得相互抵销，另有规定的除外
    - （2）不属于抵销，以净额列示的情形
      - ①一组类似交易形成的利得和损失以净额列示的，不属于抵销
      - ②资产或负债项目按扣除备抵项目后的净额列示，不属于抵销
      - ③非日常活动产生的利得和损失，以同一交易形成的收益扣减相关费用后的净额列示更能反映交易实质的，不属于抵销
- **资产负债表**（反映企业在某一特定日期财务状况的报表）
  - 流动性列报要求
    - （1）资产流动性条件
      - ①预计在一个正常营业周期中变现、出售和耗用
      - ②主要为交易目的而持有
      - ③预计在资产负债表日起一年内（含）变现
      - ④自资产负债表日起一年内，交换其他资产或清偿负债的能力不受限制的现金或现金等价物
    - （2）负债的流动性
      - ①条件
        - a. 预计在一个正常营业周期中清偿
        - b. 主要为交易目的而持有
        - c. 自资产负债表日起一年内到期应予以清偿
        - d. 企业无权自主地将清偿推迟至资产负债表日后一年以上

        提示：正常营业周期中的经营性负债（应付票据、应付账款、应付职工薪酬等）即使在资产负债表日后超过一年才予以清偿，仍划分为流动负债
      - ②展期对流动性判断的影响
        - a. 自资产负债表日起一年内到期的负债
          - Ⅰ. 不能自主展期　流动负债
          - Ⅱ. 有意图且有能力自主将清偿义务展期至资产负债表日后一年以上　非流动负债
        - b. 在资产负债表日或之前违反了借款协议的长期借款
          - Ⅰ. 贷款人可随时要求清偿　流动负债
          - Ⅱ. 贷款人同意提供资产负债表日后一年以上的宽限期，在此期限内企业能够改正违约行为，且贷款人不能要求随时清偿　非流动负债

- 特殊项目列报
  - (1) 交易性金融资产
    - ②其他持有 ≤ 1 年 — 交易性金融资产
  - (2) 其他债权投资 / 债权投资（减去债权投资减值准备的期末余额）
    - ①自资产负债表日起一年内到期的长期债权投资 — 一年内到期的非流动资产
    - ②购入的距到期日＞一年的长期债权投资 — 其他债权投资
    - ③购入的一年内到期的短期债权投资 — 其他流动资产
  - (3) 租赁负债
    - ①距到期 ≤ 1 年 — 一年内到期的非流动负债
    - ②到期 ＞ 1 年 — 租赁负债
  - (4) 同一合同下的合同资产（负债）
    - ①同一合同下的合同资产和合同负债应当以净额列示
    - ②净额为借方余额
      - a. 流动资产 — 列报项目为“合同资产”
      - b. 非流动资产 — 列报项目为“其他非流动资产”
    - ③净额为贷方余额
      - a. 流动负债 — 列报项目为“合同负债”
      - b. 非流动负债 — 列报项目为“其他非流动负债”
  - (5) 应收款项融资（属于流动资产） — 反映资产负债表日以公允价值计量且其变动计入其他综合收益的应收票据和应收账款等
  - (6) 开发支出（属于非流动资产） — 根据“研发支出”科目所属的“资本化支出”明细科目期末余额减去相关减值准备期末余额后的金额分析填列
  - (7) 长期待摊费用
    - ①摊销年限（或期限）只剩一年或不足一年的
    - ②预计在一年内（含一年）进行摊销的长期待摊费用
    - 不得归类为流动资产，仍在“长期待摊费用”项目列示

- 现金流量表
  - 经营活动产生的现金流量
    - (1) 代扣代缴个人所得税手续费返还款项
    - (2) 与资产相关政府补助收到的款项
    - (3) 支付应付账款（应付票据）
    - (4) 支付给一般员工或离退休人员工资（区分：支付给工程人员或研发人员工资属于投资活动）
    - (5) 不附追索权商业汇票贴现收到的款项（区分：附追索权票据贴现属于筹资活动）
    - (6) 罚款收入、接受现金捐赠、存货非正常毁损赔偿款
  - 投资活动产生的现金流量
    - (1) 购买定期存单支付的款项
    - (2) 购建固定资产和支付工程人员薪酬支付的款项（区分：采用分期付款方式购买固定资产属于筹资活动）
    - (3) 发行股份向母公司购买业务相关的过渡期以现金补偿支出
    - (4) PPP 项目确认为无形资产部分的现金流量

财务报告

现金流量表

筹资活动产生的现金流量

- （1）合并报表中购买少数股东股权
- （2）分期付款购入资产具有融资性质分期支付的款项
- （3）支付发行股票的手续费
- （4）附追索权商业汇票的贴现
- （5）回购股票用于激励职工支付的款项
- （6）回购已授予但未解锁的限制性股票支付的现金

与租赁相关的现金流量总结

情形	一般模型	简化模型
支付租赁付款额	筹资活动	经营活动
支付的预付租金、租赁保证金	筹资活动	经营活动
非基于指数或比率的可变租赁付款额	经营活动	

附注披露

报告分部

- （1）应当以经营分部为基础确定报告分部
- （2）报告分布的确定标准
  - ①重要性标准（10%）
    - a. 该分部的分部收入占所有分部收入合计的 10% 或以上
    - b. 该分部的分部利润（亏损）的绝对额，占所有盈利分部利润合计额或所有亏损分部亏损合计额的绝对额两者中较大者的 10% 或以上
    - c. 该分部的分部资产占所有分部资产合计额的 10% 或以上
  - ② 75% 标准
    - a. 报告分布的对外交易收入合计额占合并总收入比重达到 75%
    - b. 若未达到该比例，应增加报告分部的数量，直到比重达到 75%

报告分部的数量
- 报告分部的数量通常不应超过 10 个
- 超过 10 个应考虑合并，使合并后的报告分部数量不超过 10 个

关联方关系认定

- （1）该企业的母公司
  - ①某一个企业直接控制一个或多个企业
  - ②某一个企业通过一个或若干个中间企业间接控制一个或多个企业
  - ③一个企业直接地和通过一个或若干个中间企业间接地控制一个或多个企业
- （2）该企业的子公司
- （3）与该企业同受一母公司控制的其他企业
- （4）对该企业实施共同控制的投资方
- （5）对该企业施加重大影响的投资方

投资方之间不构成关联方关系

- (6) 该企业的合营企业
- (7) 该企业的联营企业
- (8) 该企业的主要投资者个人及与其关系密切的家庭成员
- (9) 该企业或其母公司的关键管理人员及与其关系密切的家庭成员
- (10) 该企业主要投资者个人、关键管理人员或与其关系密切的家庭成员控制、共同控制的其他企业
- (11) 该企业关键管理人员提供服务的提供方与服务接受方
- (12) 企业与其所属企业集团的其他成员单位（包括母公司和子公司）的合营企业或联营企业
- (13) 企业的合营企业与企业的其他合营企业或联营企业

构成关联方关系（前提条件：控制、共同控制、重大影响）

不构成关联方关系
- (1) 与该企业发生日常往来的资金提供者、客户、供应商、经销商等主体
- (2) 与该企业共同控制合营企业的合营者之间
- (3) 仅同受国家控制而不存在控制、共同控制或重大影响关系的企业
- (4) 两方或两方以上受同一方重大影响的企业

关联方披露 — 对外提供合并报表的，对于已经包括在合并范围内各企业之间的交易不予披露

中期报告

编制要求
- (1) 一致的会计政策 — 会计政策、会计要素的确认和计量与年报一致
- (3) 及时性 — 重要性程度的判断应当以中期财务报告为基础，不得以预计的年度财务数据为基础
- (2) 重要性 — 中期财务报告计量相对于年度财务数据的计量而言，很大程度上依赖于估计

确认和计量
- (1) 编制中期财务报告时，中期会计计量应当以年初至本中期末为基础，而不应以本中期作为会计计量的期间基础
- (2) 季节性、周期性或偶然性收入，应在发生时予以确认和计量，不应在中期财务报表中预计或递延，特殊情况除外
- (3) 会计年度中不均匀发生的费用，应在发生时予以确认和计量，不应在中期财务报表中预提或待摊
- (4) 报告中期处置了合并财务报表范围内子公司的，中期财务报告中应当包括被处置子公司当期期初至处置日的相关信息

笔记区

第二十四章 会计政策、会计估计及其变更和差错更正 （考2分）

会计政策、会计估计及其变更和差错更正

会计政策变更

- 定义
  - （1）会计政策 — 是指企业在会计确认、计量和报告中所采用的原则（会计准则）、基础（计量基础）和会计处理方法
  - （2）企业对相同的交易或事项由原来采用的会计政策改用另一种会计政策的行为
- 分类
  - （1）属于会计政策变更
    - ①法律、行政法规或者国家统一的会计制度等要求变更
    - ②会计政策变更能够提供更可靠、更相关的会计信息
    - ③常见案例
      - a. 新租赁准则要求将原经营租赁资产满足条件时确认为使用权资产
      - b. 投资性房地产后续计量模式由成本模式改为公允价值模式
      - c. 发出存货计价方法的变更
      - d. 执行新收入准则将原以风险报酬转移确认收入改为以控制权转移确认收入
      - e. 执行新金融工具准则将原来金融资产“四分类”改为“三分类”
      - f. 因执行新准则，而对原准则规定的会计处理进行变更
  - （2）不属于会计政策变更
    - ①本期发生的交易或事项与以前相比具有本质差别而采用新的会计政策
    - ②初次发生的或不重要的交易或事项采用新的会计政策
    - ③常见案例
      - a. 由于减资导致成本法核算的长期股权投资改为权益法并进行追溯调整
      - b. 金融资产业务模式变更
      - c. 投资性房地产的转换
- 会计处理
  - （1）方法
    - ①追溯调整法
      - a. 视同该交易或事项初次发生时即采用变更后的会计政策，并对报表项目进行调整
      - b. 步骤
        - Ⅰ. 计算会计政策变更的累积影响数
        - Ⅱ. 编制调整分录　损益类涉及科目通过“利润分配——未分配利润”科目核算
        - Ⅲ. 调整列报前期财务报表项目及其金额
        - Ⅳ. 附注说明
    - ②未来适用法
      - a. 将变更后的会计政策应用于变更日以及以后发生的交易或者事项
      - b. 在会计估计变更当期和未来期间确认会计估计变更影响数的方法
  - （2）方法选择
    - ①法律法规要求变更 — 追溯调整法
    - ②确定会计政策变更影响数是否切实可行
      - a. 对列报前期影响数不切实可行 — 从可追溯的最早期间期初开始追溯调整
      - b. 对以前各期累积影响数不切实可行 — 未来适用法

会计估计变更

- 定义
  - (1) 会计估计 — 是指财务报表中具有计量不确定性（不能观察取得而必须进行估计）的货币金额
  - (2) 由于资产和负债的当前状况和预期经济利益和义务发生了变化，从而对资产或负债的账面价值或者资产的定期消耗金额进行调整
- 适用情形
  - (1) 存货可变现净值的确定
  - (2) 采用公允价值模式计量的投资性房地产公允价值的确定
  - (3) 固定（无形）资产预计使用寿命、净残值和折旧（摊销）方法
  - (4) 预计负债最佳估计数的确定
  - (5) 投入法或产出法的确定
  - (6) 按照预期信用损失法确认的坏账损失率的确定等
  - (7) 某一时段履行履约进度的计算方法
- 会计处理（未来适用法）
  - (1) 仅影响变更当期的，在变更当期予以确认
  - (2) 既影响变更当期又影响未来期间的，在变更当期和未来期间予以确认
  - (3) 难以区分某项变更是属于会计政策变更还是属于会计估计变更的，应将其作为会计估计变更处理

会计政策与会计估计变更的区分

- 划分基础
  - (1) 以会计确认是否发生变更为基础 — 会计六要素：资产、负债、所有者权益、收入、费用、利润
  - (2) 以计量基础是否发生变更为基础 — 计量属性：历史成本、重置成本、可变现净值、现值和公允价值
  - (3) 以列报项目是否发生变更为基础 — 报表项目
  - 涉及金额或数值属于会计估计
- 不涉及上述划分基础变更时，该事项可以判断为会计估计变更

前期差错更正

- 采用追溯重述法更正重要的前期差错，但确定前期差错累积影响数不切实可行的除外
- 不重要差错 — 未来适用法
- 重要差错 — 追溯重述法，调整前期比较数据，涉及损益类科目调整的，先通过"以前年度损益调整"科目（以题目要求为准）
  - 追溯重述法是指在发现前期差错时，视同该项前期差错从未发生过，从而对财务报表项目进行更正的方法

区分会计政策、会计估计、差错更正采用方法

事项	追溯调整法	未来适用法	追溯重述法
会计政策变更	√	难以确定对以前期间净损益累积影响数的	×
会计估计变更	×	√	×
前期差错更正	×	不重要的前期差错	重要前期差错

第二十五章 资产负债表日后事项

（考2分）

资产负债表日后事项

概述

- 资产负债表日后事项定义 — 资产负债表日至财务报告批准报出日之间发生的有利或不利事项
- 日后事项涵盖期间 — 自资产负债表日次日起至财务报告批准报出日止的一段时间
- 日后事项内容
  - （1）调整事项
  - （2）非调整事项
  - 取决于在资产负债表日或以前是否存在

调整事项

- 含义 — 对资产负债表日已经存在的情况提供了新的或进一步证据的事项
- 内容
  - （1）资产负债表日后诉讼案件结案，法院判决证实了企业在资产负债表日已经存在现时义务（未决诉讼结案）
  - （2）资产负债表日后取得确凿证据，表明某项资产在资产负债表日发生了减值或者需调整原已确认的减值金额（进一步减值证据）
  - （3）资产负债表日后进一步确定了资产负债表日前购入资产的成本或售出资产的收入（暂估入账或销售退回）
  - （4）资产负债表日后发现了财务报表舞弊或差错等
- 会计处理
  - （1）涉及损益的事项
    - ①通过“以前年度损益调整”科目核算
    - ②将“以前年度损益调整”科目的贷方或借方余额转入“利润分配——未分配利润”科目
  - （2）不涉及损益的事项 — 直接调整相关项目

非调整事项

- 含义 — 资产负债表日后发生的情况的事项
- 内容
  - （1）资产负债表日后发生的重大诉讼、仲裁和承诺
  - （2）资产负债表日后资产价格、税收政策、外汇汇率发生重大变化
  - （3）资产负债表日后因自然灾害导致资产发生重大损失
  - （4）资产负债表日后发行股票和债券以及其他巨额举债
  - （5）资产负债表日后资本公积转增资本
  - （6）资产负债表日后发生企业合并或处置子公司
  - （7）资产负债表日后企业利润分配方案中拟分配的以及经审议批准宣告发放的现金股利或利润
  - 资产负债表日后发生

新事项，与资产负债表日存在状况无关

- (8) 资产负债表日已经存在的债务，在其资产负债表日后期间与债权人达成的债务重组交易
- (9) 非流动资产或处置组在资产负债表日至财务报告批准报出日之间满足持有待售类别划分条件
- (10) 资产负债表日对金融资产基于合理事实和情况计提损失准备，日后期间该笔金融资产到期并全额收回

会计处理 — 无须处理，但需要在附注中披露

笔记区

第二十六章 企业合并

（考 2 分）

企业合并

- **概述**
  - 企业合并界定
    - （1）被购买方构成业务
      - ①企业内部某些生产经营活动或资产负债的组合，该组合具有投入、加工处理过程和产出能力
      - ②能够独立计算其成本费用或所产生的收入
    - （2）交易前后涉及对标的业务控制权的转移
  - 企业合并方式
    - （1）控股合并
    - （2）吸收合并
    - （3）新设合并
  - 企业合并类型
    - （1）同一控制下的企业合并
    - （2）非同一控制下的企业合并
- **企业合并涉及的或有对价**
  - 同一控制
    - （1）或有对价确认科目　预计负债（额外支付）、其他应收款（要求返还）
    - （2）会计处理
      - ①确认时不影响初始投资成本，只影响资本公积
      - ②确认与结算差额不影响当期损益，应当调整资本公积（溢价），资本公积不足冲减的，调整留存收益
  - 非同一控制
    - （1）或有对价确认科目　交易性金融负债、交易性金融资产
    - （2）会计处理
      - ①按照或有对价在购买日的公允价值计入合并成本
      - ②确认与结算差额影响当期损益　公允价值变动损益
    - （3）购买日后调整
      - ①购买日后 12 个月内出现对购买日已存在情况的新的或进一步证据　予以确认，调整合并成本和商誉
      - ②其他情形
        - a. 或有对价权益性质 — 不进行处理
        - b. 或有对价为资产 / 负债 — 交易性金融资产 / 负债
- 合并成本（法律上子公司即购买方）
  - （1）计算持股比例
    - 法律上母公司增发股数 /（法律上母公司增发股数 + 法律上母公司原发行股数）
  - （2）计算取得相同持股比例法律上子公司（购买方）应发行股数
    - 法律上子公司原发行股数 / 持股比例 − 法律上子公司原发行股数
  - （3）计算合并成本（即发行股数的公允价值）

反向购买的会计处理

- 合并报表编制
  - (1) 资产、负债
    - ①合并财务报表中，法律上子公司的资产、负债应以其在合并前的账面价值进行确认计量
    - ②法律上母公司有关可辨认资产、负债在并入合并报表时，以其在购买日确定的公允价值进行合并
  - (2) 商誉 / 营业外收入 — 合并成本大于 / 小于取得母公司（被购买方）可辨认净资产公允价值份额
  - (3) 所有者权益
    - ①股本
      - a. 法律上子公司合并前发行在外的股份面值
      - b. 假定在确定合并成本过程中新发行的权益工具的金额
    - ②资本公积
      - a. 法律上子公司合并前资本公积
      - b. 合并成本 − 假定在确定合并成本过程中新发行的权益工具的金额
    - ③其他权益余额及留存收益 — 反映法律上子公司在合并前的留存收益及其他权益余额

购买业务和购买资产会计处理的对比

情形	不构成业务	构成业务
购买成本的确定	将购买成本基于购买日所取得各项可辨认资产、负债的相对公允价值，在各单项可辨认资产、负债间进行分配，不按照企业合并准则进行处理	需要按照企业合并准则区分相关交易是同一控制下企业合并还是非同一控制下企业合并，分别确认合并成本
是否产生商誉或购买利得	不会产生商誉或购买利得	合并成本大于合并中取得可辨认净资产公允价值份额的差额，应当确认为商誉；反之，应将该差额计入当期损益
交易费用	作为转让对价的一部分，符合适用准则条件的，应资本化为购买资产成本的一部分	费用化计入当期损益（管理费用）

笔记区

第二十七章 合并财务报表

（考14～16分）

合并财务报表

- **合并范围的豁免（投资性主体）**
  - 判断流程 — 母公司是否为投资性主体
    - ①是 — 是否为母公司的投资活动提供相关服务
      - Ⅰ．是 — 纳入合并范围
      - Ⅱ．否 — 不纳入合并范围
    - ②否 — 将其控制的全部主体（包括通过投资性主体间接控制的主体）纳入合并范围
  - 母公司身份转换
    - （1）非投资性主体→投资性主体 — 仅将为其投资活动提供相关服务的子公司纳入合并报表，其他子公司不再予以合并
    - （2）投资性主体→非投资性主体 — 将原未纳入合并范围的子公司于转换日纳入合并范围，视为“非同一控制下企业合并”
- 对子公司的个别财务报表进行调整
  - （1）同一控制下企业合并中取得的子公司 — 通常不需要对该子公司的个别财务报表进行调整
  - （2）非同一控制下企业合并中取得的子公司
    - ①存货评估增值
      - a. 购买日 — 按取得存货公允价值进行调整（借：存货 贷：资本公积）
      - b. 资产负债表日

存货（公允价值大于账面价值）	当年调整分录	连续编报调整分录
存货未出售	借：存货 贷：资本公积	借：存货 贷：资本公积
存货部分出售	借：存货 贷：资本公积 借：营业成本（出售部分） 贷：存货	借：存货 贷：资本公积 借：年初未分配利润 贷：存货（以前年度出售部分） 借：营业成本（出售部分） 贷：存货
存货全部出售	借：存货 贷：资本公积 借：营业成本 贷：存货	借：存货 贷：资本公积 借：年初未分配利润 贷：存货

合并报表的调整业务

合并报表的调整与抵销分录是在合并工作底稿中编制的，不使用会计科目，而使用报表项目

②固定（无形）资产评估增值

a. 购买日 — 按取得资产公允价值进行调整

借：固定资产、无形资产
　贷：资本公积

b. 资产负债表日

固定资产、无形资产（公允价值高于账面价值）	当年调整分录	连续编报调整分录
公允价值高于账面价值的差额	借：固定资产、无形资产 　贷：资本公积	借：固定资产、无形资产 　贷：资本公积
公允价值高于账面价值差额部分的折旧（摊销）额	借：管理费用等 　贷：固定资产、无形资产 （公允价值高于账面价值部分本年折旧额、摊销额）	借：年初未分配利润 　贷：固定资产、无形资产 （公允价值高于账面价值部分以前年度折旧额、摊销额） 借：管理费用等 　贷：固定资产、无形资产 （公允价值高于账面价值部分本年折旧额、摊销额）

长期股权投资的成本法调整为权益法

购买日子公司评估增值对损益的影响，需要对净利润进行调整，但因未实现内部交易对损益产生影响，不需要对净利润进行调整

内容	①投资当年	②以后年度（连续编制）+①
子公司盈亏的调整	借：长期股权投资 　贷：投资收益 若亏损，作相反分录	借：长期股权投资 　贷：年初未分配利润 若亏损，作相反分录
子公司宣告分派现金股利的调整	借：投资收益 　贷：长期股权投资	借：年初未分配利润 　贷：长期股权投资
子公司其他综合收益变动的调整	借或贷：长期股权投资 　贷或借：其他综合收益——本年	借或贷：长期股权投资 　贷或借：其他综合收益——年初
子公司除净损益、其他综合收益以及利润分配以外所有者权益的其他变动的调整	借或贷：长期股权投资 　贷或借：资本公积——本年	借或贷：长期股权投资 　贷或借：资本公积——年初

合并财务报表

合并报表的抵销业务

投资和权益的抵销

- (1) 母公司长期股权投资与子公司所有者权益的抵销
  - ①同一控制下企业合并
    - a. 抵销母公司的长期股权投资和子公司的所有者权益

      借：股本（实收资本）
      　　资本公积
      　　其他综合收益
      　　盈余公积
      　　未分配利润
      　贷：长期股权投资
      　　　少数股东权益
    - b. 恢复子公司在企业合并前实现的留存收益和其他综合收益

      借：资本公积（以资本溢价或股本溢价的贷方余额为限）
      　贷：盈余公积（归属于当前母公司部分）
      　　　未分配利润（归属于当前母公司部分）
      　　　其他综合收益（归属于当前母公司部分）
  - ②非同一控制下企业合并 — 抵销母公司的长期股权投资和子公司的所有者权益

    借：股本（实收资本）
    　　资本公积
    　　其他综合收益
    　　盈余公积
    　　未分配利润
    　　商誉（借方差额）
    　贷：长期股权投资（按权益法调整后的长期股权投资的账面价值）
    　　　少数股东权益（子公司按公允价值调整后净资产 × 少数股东投资持股比例）
- (2) 母公司投资收益和子公司利润分配的抵销

  借：投资收益（子公司调整后净利润 × 母公司的持股比例）
  　　少数股东损益（子公司调整后净利润 × 少数股东的持股比例）
  　　年初未分配利润（源自上年“年末未分配利润”）
  　贷：提取盈余公积（子公司当年实际计提的盈余公积）
  　　　对所有者（或股东）的分配（子公司当年实际宣告发放的现金股利或利润）
  　　　年末未分配利润（源自上一组抵销分录借方“年末未分配利润”科目）

- 债权和债务的抵销
  - (1) 当年抵销分录
    - ①抵销债权债务
      - 借：应付账款等
      - 贷：应收账款等
    - ②抵销坏账损失
      - 借：应收账款等
      - 贷：信用减值损失
  - (2) 连续编报抵销分录
    - ①抵销当期末债权、债务的账面余额
      - 借：应付账款等
      - 贷：应收账款等
    - ②抵销前期计提坏账准备
      - 借：应收账款等
      - 贷：年初未分配利润
    - ③抵销当年计提 / 转回的坏账准备
      - 借：应收账款等
      - 贷：信用减值损失（本年计提的坏账准备）
      - 借：信用减值损失（本年转回的坏账准备）
      - 贷：应收账款等

笔记区

合并财务报表

合并报表的抵销业务

内部交易的抵销

(1) 内部商品交易的抵销

①不涉及存货跌价准备和所得税的商品内部交易抵销

情形		当年抵销分录	连续编报抵销分录
资产负债表日	结存未售	借：营业收入（内部交易售价，即销售方存货售价） 　贷：营业成本（内部交易成本，即销售方存货成本） 　　　存货（期末留存存货虚增价值）	借：年初未分配利润 　贷：存货
	全部出售	借：营业收入（内部交易售价，即销售方存货售价） 　贷：营业成本（购买方存货成本）	借：年初未分配利润 　贷：营业成本
	部分出售	借：营业收入（内部交易售价，即销售方存货售价） 　贷：营业成本 借：营业成本 　贷：存货（留存部分虚增价值）	借：年初未分配利润 　贷：营业成本 借：营业成本 　贷：存货（期末留存部分虚增价值）

②涉及存货跌价准备的抵销

- a. 判断购买方成本和可变现净值→确定个别报表中减值金额 a
- b. 判断集团层面成本和可变现净值→确定合并报表中减值金额 b

比较 a 和 b →确定在合并报表中应当转回 / 计提的减值金额

③涉及少数股东时的抵销

- a. 抵销分录
  - 借：少数股东权益
  - 　贷：少数股东损益
- b. 实现时，按实现比例
  - 借：少数股东损益
  - 　贷：少数股东权益

④投资方与联营企业或合营企业之间存在未实现内部交易损益的抵销

- a. 顺流交易
  - 借：营业收入（投资方收入 × 投资方持股比例）
  - 　贷：营业成本（投资方成本 × 投资方持股比例）
  - 　　投资收益（差额）
- b. 逆流交易
  - 借：长期股权投资
  - 　贷：存货等（当年未实现内部交易损益部分 × 投资方持股比例）

（2）内部固定资产交易的抵销

①内部交易固定资产取得后至处置前期间的合并处理

抵销项目	交易发生当年	连续编报	到期当期继续使用
抵销未实现内部交易损益	存货→固定资产： 借：营业收入（内部交易收入） 贷：营业成本（内部交易成本） 固定资产（内部交易的利润） 固定资产→固定资产： 借：资产处置收益（内部交易收益） 贷：固定资产	借：年初未分配利润 贷：固定资产（内部交易的利润）	
抵销以前期间多提折旧	—	借：固定资产（内部交易形成的以前年度折旧多计提金额） 贷：年初未分配利润	
抵销本期多提折旧	借：固定资产 贷：管理费用等（内部交易形成的当期折旧多计提金额）		

②内部交易固定资产清理期间的合并处理

情形	抵销项目	抵销分录
固定资产提前清理	抵销未实现内部交易损益	借：年初未分配利润（内部交易的利润） 贷：资产处置收益（或记入“营业外收入”“营业外支出”科目）
	抵销以前期间多提折旧	借：资产处置收益（或记入“营业外收入”“营业外支出”科目） 贷：年初未分配利润（内部交易收益在以前年度造成折旧多计提金额）
	抵销本期多提折旧	借：资产处置收益（或记入“营业外收入”“营业外支出”科目） 贷：管理费用等（内部交易形成的当期折旧多计提金额）
固定资产使用期限届满清理	借：年初未分配利润 贷：管理费用等	
超期使用后进行清理	因相关资产的未实现内部交易损益已随其折旧计提完毕，无须进行额外合并处理	

合并财务报表

合并报表的抵销业务

内部交易的抵销

（3）内部无形资产交易的抵销

情形		当年抵销分录	连续编报抵销分录
交易时	存货→无形资产	借：营业收入（内部交易收入） 贷：营业成本（内部交易成本） 无形资产（内部交易的利润）	借：年初未分配利润 贷：无形资产（内部交易的利润）
	无形资产→无形资产	借或贷：资产处置收益 贷或借：无形资产	
资产负债表日	多提摊销的抵销	借：无形资产——累计摊销 贷：管理费用（内部交易当期多提摊销）	借：无形资产——累计摊销（期初累计多提摊销） 贷：年初未分配利润
	到期时	借：年初未分配利润 贷：管理费用（当期多提摊销）	
	提前处置	借：年初未分配利润（内部交易的利润） 贷：资产处置收益 借：资产处置收益 贷：年初未分配利润（期初累计多提摊销） 借：资产处置收益 贷：管理费用（当期多提摊销）	

调整分录涉及所得税的会计处理

（1）资产评估增值

借：资本公积
　贷：递延所得税负债

（2）涉及固定资产（无形资产）的评估增值，当年多计提折旧（摊销）对应所得税的会计处理

借：递延所得税负债
　贷：所得税费用

（3）涉及跨年度编制调整分录时

借：资本公积
　贷：递延所得税负债
借：递延所得税负债
　贷：年初未分配利润
借：递延所得税负债
　贷：所得税费用

所得税会计的合并处理

抵销分录涉及所得税的会计处理

- （1）债权债务（个别报表计提的坏账准备需要抵销）
  - ①当年抵销时
    - 借：所得税费用
      贷：递延所得税资产（本年计提坏账准备金额 × 所得税税率）
  - ②连续编报时
    - 借：年初未分配利润
      贷：递延所得税资产（以前年度计提坏账准备金额 × 所得税税率）
    - 借：所得税费用
      贷：递延所得税资产（本年计提坏账准备金额 × 所得税税率）
- （2）存货
  - ①确定购买方个别财务报表已确认的递延所得税资产（负债）金额
  - ②确定合并财务报表中应有的递延所得税资产（负债）金额
  - ③比较①和②的结果，确定在合并工作底稿中应确认或转回的递延所得税资产或负债的金额
    - 借或贷：所得税费用
      贷或借：递延所得税资产（负债）

    税率不同时，按购买方税率
- （3）固定资产（无形资产）
  - ①计算合并报告主体该固定资产（无形资产）的账面价值（扣除折旧、摊销和减值准备）
  - ②计算该固定资产（无形资产）的计税基础，此计税基础为购买方个别报表中按税法规定计算的计税基础
  - ③比较①和②的结果，分别确认应纳税暂时性差异或可抵扣暂时性差异（多数情况为可抵扣），进而计算递延所得税负债（或资产）
  - ④将合并主体应确认的递延所得税负债（或资产）与个别报表中已确认的递延所得税负债（或资产）进行比较，然后通过抵销分录进行处理
    - 借：递延所得税资产
      贷：所得税费用

合并财务报表

- 增资
  - （1）追加投资形成非同一控制下企业合并（非“一揽子交易”）
    - ① 5%→60%
      - a. 个表
        - Ⅰ. 跨准则（金融资产→长期股权投资）
        - Ⅱ. 60% 投资成本 = 原投资公允 + 新增投资公允
        - Ⅲ. 原投资视同处置
      - b. 合表
        - Ⅰ. 跨准则（金融资产→合并财务报表）
        - Ⅱ. 合并成本 = 原投资公允 + 新增投资公允
        - Ⅲ. 在个别报表中已视同处置，在合并报表中无须额外处理
    - ② 20%→60%
      - a. 个表
        - Ⅰ. 未跨准则（依然在长期股权投资准则核算范围）
        - Ⅱ. 60% 投资成本 = 原投资账面价值 + 新增投资公允
      - b. 合表
        - Ⅰ. 跨准则（长期股权投资→合并财务报表），视同原投资处置
        - Ⅱ. 合并成本 = 原投资公允 + 新增投资公允
        - Ⅲ. 原投资在合并报表层面视同处置处理
  - （2）母公司购买子公司少数股权 — 60%→70%
    - a. 个表 — 10% 投资成本按照长期股权投资准则进行确定（付出对价公允价值 + 相关交易费用）
    - b. 合表
      - Ⅰ. 权益性交易，不产生新的商誉，不影响损益
      - Ⅱ. 按新增持股比例计算应享有子公司自购买日开始持续计算净资产账面价值的份额与个别报表中确认的 10% 投资成本之间的差额，应当调整资本公积，资本公积不足冲减的，调整留存收益
- （1）不丧失控制权处置子公司股权 — 70%→60%
  - a. 个表 — 收到价款 − 处置部分长期股权投资的账面价值 = 投资收益
  - b. 合表
    - Ⅰ. 当母公司出售部分股权时，按比例把归属于母公司的所有者权益（包含子公司净资产和商誉）的账面价值调整至少数股东权益
    - Ⅱ. 处置价款与处置部分所对应子公司自购买日开始持续计算净资产账面价值的份额之间的差额调整资本公积（资本溢价或股本溢价），资本公积不足冲减的，调整留存收益

- **特殊交易**
  - 减资
    - (2) 一次交易处置子公司股权，并丧失控制权
      - ① 60%→20%
        - a. 个表
          - Ⅰ. 处置部分，收到价款 - 处置部分长期股权投资账面价值 = 投资收益
          - Ⅱ. 剩余部分，追溯调整
        - b. 合表
          - Ⅰ. 跨准则，视同处置，类似与处置权益法下核算的长期股权投资
          - Ⅱ. 投资收益 =（收到价款 + 剩余部分投资公允价值）-（原享有子公司自购买日开始持续计算净资产账面价值的份额 + 商誉）+ 其他综合收益（可转损益部分）+ 其他权益变动 × 原持股比例
      - ② 60% → 5%
        - a. 个表
          - Ⅰ. 跨准则（长期股权投资→金融工具）
          - Ⅱ. 视同原投资全部处置，（处置价款 + 剩余股权投资公允价值）- 原长期股权投资账面价值 = 投资收益
        - b. 合表 — 同上
    - (3) 多次交易处置子公司股权，并丧失控制
      - ①不构成“一揽子交易” — 同一次交易处置子公司股权，并丧失控制权的会计处理
      - ②构成“一揽子交易” — 合表 — 对于丧失控制权之前的每一次交易，处置价款与处置投资对应的享有该子公司自购买日开始持续计算的净资产账面价值的份额之间的差额，在合并财务报表中应当计入其他综合收益，在丧失控制权时一并转入丧失控制权当期损益
  - 股份支付的合并处理

情形		以母公司权益工具结算	以子公司权益工具结算	以集团内其他子公司权益工具结算
母公司	类型	以权益结算	以现金结算	以现金结算
	分录	借：长期股权投资 贷：资本公积	借：长期股权投资 贷：应付职工薪酬	借：长期股权投资 贷：应付职工薪酬
子公司	类型	以权益结算	以权益结算	以权益结算
	分录	借：管理费用等 贷：资本公积	借：管理费用等 贷：资本公积	借：管理费用等 贷：资本公积
合并报表	类型	以权益结算	以权益结算	以权益结算
	抵销分录	借：资本公积 贷：长期股权投资	借：应付职工薪酬 贷：长期股权投资	借：应付职工薪酬 贷：长期股权投资

属于大股东兜底条款的股份支付，损失由大股东承担且以现金支付损失，此时在个别报表中，应当将该交易作为以权益结算的股份支付处理；在合并报表中，应当将该交易作为以现金结算的股份支付处理 新

第二十八章 每股收益 （考2分）

每股收益

基本每股收益

- **公式** — 归属于普通股股东的当期净利润 ÷ 发行在外普通股的加权平均数
  - 企业存在发行在外的除普通股以外的权益工具的，在计算基本每股收益时，分子即归属于普通股股东的净利润不应包含其他权益工具的股利或利息（新）
- **归属于普通股股东的当期净利润**
  - (1) 个表 — 归属于全部普通股股东的净利润，计算时需要扣除优先股股东部分
  - (2) 合表 — 归属于母公司普通股股东的当期合并净利润，计算时需要扣除少数股东损益
- **发行在外普通股的加权平均数**
  - (1) 公式 — 发行在外普通股加权平均数 = 期初发行在外普通股股数 + 当期新发行普通股股数 × 已发行时间 ÷ 报告期时间 − 当期回购普通股股数 × 已回购时间 ÷ 报告期时间
  - (2) 新发行股票起算日
    - ①非同一控制下的企业合并，作为对价发行的普通股股数，从购买日起计算
    - ②同一控制下的企业合并，作为对价发行的普通股股数，应当计入与合并净利润口径一致的各列报期间的普通股的加权平均数
- **限制性股票的基本每股收益**
  - (1) （净利润 − 可解锁部分的股利或净利润） ÷ 普通股加权平均数（不含限制性股票数）
  - (2) 现金股利可撤销，分子扣除当期分配给预计未来可解锁限制性股票持有者的现金股利
  - (3) 现金股利不可撤销，分子扣除归属于预计未来可解锁限制性股票的净利润
- **计算原则**
  - (1) 是否具有稀释性
    - ①稀释性（假设潜在普通股当期转换为普通股）
      - a. 减少每股收益
      - b. 增加每股亏损
    - ②反稀释性
  - (2) 在基本每股收益的基础上进行调整
    - ①分子调整 — 税后利息、转股费用等
    - ②分母调整
      - a. 增加假设稀释性潜在普通股转换为已发行普通股而增加的普通股股数
      - b. 转股时间
        - Ⅰ. 以前期间发行，视为当期期初转股
        - Ⅱ. 当期发行，视为在发行日转股

稀释每股收益

- 情形
  - (1) 可转换公司债券
    - ①假设可转换债券在当期期初（或发行日）即已转换为普通股
      - 产生的影响：
        - a. 增加了发行在外的普通股股数
        - b. 节约了债券利息费用，从而增加了当期净利润
    - ②判断稀释性
      - a. 原则：增量每股收益与基本每股收益比较是否存在稀释性影响
      - b. 增量每股收益 = 假设转换会增加的净利润 ÷ 假设转换会增加的普通股股数
        - 增量每股收益＜基本每股收益，具有稀释性
    - ③稀释每股收益
      - a. 分子
        - 净利润 + 假设转股时增加的净利润
        - 增加净利润 = 负债成分的期初摊余成本 × 实际利率 ×（1−25%）× 时间权重
      - b. 分母 — 发行在外普通股加权平均数 + 转换所增加普通股的加权平均数
  - (2) 认股权证、股票期权
    - ①假设认股权证、股票期权当期期初已经行权
      - 行权时发行普通股：
        - a. 一部分按平均市场价格发行，不影响每股收益金额
        - b. 一部分是无对价发行普通股，具有稀释性，计入稀释每股收益
    - ②判断稀释性 — 行权价＜当期普通股平均市场价格
      - Ⅰ. 盈利企业 — 稀释性
      - Ⅱ. 亏损企业 — 反稀释性
    - ③稀释每股收益
      - a. 分子 — 净利润无须调整
      - b. 分母 — 发行在外的普通股加权平均数 + 增加的普通股加权平均数
        - 增加的普通股股数 = 拟行权时转换的普通股股数 − 行权价格 × 拟行权时转换的普通股股数 ÷ 当期普通股平均市场价格
  - (3) 限制性股票
    - ①解锁条件为服务期限
      - a. 假设当期期初（或晚于期初的授予日）全部解锁
      - b. 稀释每股收益 = 当期净利润 ÷（普通股加权平均数 + 调整增加的普通股加权平均数）
      - c. 增加的普通股加权平均数 =（限制性股票股数 − 行权价格 × 限制性股票股数 ÷ 当期普通股平均市场价格）× 时间权重
      - d. 行权价格 = 限制性股票的发行价格 + 资产负债表日尚未取得的职工服务的公允价值
    - ②解锁条件为业绩条件
      - a. 假设资产负债表日即为解锁日，判断是否满足业绩条件
      - b. 满足业绩条件 — 参照服务期限条件规定计算稀释每股收益
      - c. 不满足业绩条件 — 不考虑限制性股票影响

每股收益

- **稀释每股收益**
  - 情形
    - （4）承诺回购
      - ①判断稀释性 — 回购价＞当期普通股平均市场价格
        - Ⅰ．盈利企业 — 稀释性
        - Ⅱ．亏损企业 — 反稀释性
      - ②稀释每股收益
        - a. 分子 — 净利润无须调整
        - b. 分母
          - Ⅰ．发行在外普通股加权平均数＋增加的普通股加权平均数
          - Ⅱ．增加的普通股股数＝回购价格×承诺回购的普通股股数÷当期普通股平均市场价格－承诺回购的普通股股数
    - （5）存在多项潜在普通股 — 按稀释程度从大到小的顺序计入稀释每股收益
- **重新计算**
  - 适用情形 — 企业派发股票股利、公积金转增资本、拆股或并股
  - 按调整后的股数重新计算各列报期间的每股收益
  - 重新计算时不需要考虑时间权重

笔记区

第二十九章 公允价值计量

（考2分）

公允价值计量

概述

- 市场参与者在计量日发生的有序交易中，出售一项资产所能收到或者转移一项负债所需支付的价格
- 确定公允价值需考虑
  - （1）相关资产或负债的特征
    - ①资产状况和所在位置
    - ②对资产出售或使用的限制
      - a. 限制是针对相关资产本身的，以公允价值计量该资产时应当考虑该特征
      - b. 限制是针对资产持有者的，以公允价值计量该资产时，不考虑该特征
  - （2）计量单元 — 以单项或者组合方式计量的最小单位
  - （3）有序交易（“先主后利”）
    - ①优先选主要市场
      - a. 特点：流动性最强、交易量最大、活跃程度最高
      - b. 公允价值 = 交易价格 − 运输费
    - ②其次选最有利市场（确定最有利市场时同时考虑交易费用与运输费用）
      - a. 特点：扣减交易费用和运输费用后，金额最高（使得“交易价格 − 运输费 − 交易费”最大的市场）
      - b. 公允价值 = 交易价格 − 运输费（计算公允价值时，只考虑运输费用）
  - （4）市场参与者 — 应基于市场参与者之间的交易确定公允价值

计量

- 初始计量 — 脱手价格，即出售该资产所能收到的价格或者转移该负债所需支付的价格
- 估值技术
  - （1）市场法 — 利用相同或类似的资产、负债或资产和负债组合的价格以及其他相关市场交易信息进行估值的技术
  - （2）收益法 — 折现率与现金流量应当保持一致
  - （3）成本法 — 反映当前要求重置相关资产服务能力所需金额的估值技术，通常是指现行重置成本法
- 输入值 — 应当优先使用可观察输入值，仅当相关可观察输入值无法取得或取得不切实可行时才使用不可观察输入值
- 公允价值层次
  - （1）第一层次输入值（可观察输入值） — 相同资产或负债在活跃市场上未经调整的报价
  - （2）第二层次输入值（可调整输入值） — 除第一层次外相关资产或负债直接或间接可观察的输入值
  - （3）第三层次输入值（不可观察输入值） — 不能直接观察和无法由可观察市场数据验证的相关资产或负债的输入值

公允价值计量结果所属层次

“出资要债”

(1) 当相关资产或负债具有出价和要价时，应使用出价作为资产的公允价值，使用要价作为负债的公允价值

(2) 公允价值计量结果所属的层次，由对公允价值计量整体而言重要的输入值所属的最低层次决定

(3) 公允价值计量结果所属的层次，取决于估值技术的输入值，而不是估值技术本身

(4) 企业即使使用了第三方报价机构提供的估值，也不应简单将该公允价值计量结果划入第三层次输入值

笔记区

第三十章 政府及民间非营利组织会计

（考2分）

- 政府会计
  - 政府会计核算模式（双功能、双基础、双报告）
    - (1) 预算会计
      - ①功能
        - a. 会计要素 — 预算收入、预算支出、预算结余
        - b. 会计等式 — 预算收入 − 预算支出 = 预算结余
      - ②编制基础 — 收付实现制，国务院另有规定的从其规定
      - ③报告形式 — 决算报告
    - (2) 财务会计
      - ①功能
        - a. 会计要素 — 资产、负债、净资产、收入、费用
        - b. 会计等式
          - Ⅰ. 资产 − 负债 = 净资产
          - Ⅱ. 收入 − 费用 = 本期盈余
      - ②编制基础 — 权责发生制
      - ③报告形式 — 财务报告
        - Ⅰ. 政府部门财务报告
        - Ⅱ. 政府综合财务报告
  - 会计核算原则
    - (1) 预算会计和财务会计均需处理的事项
      - ①纳入部门预算管理的现金收支业务
      - ②纳入部门预算管理的暂收暂付款项
      - ③未纳入年初批复的预算但纳入决算报表编制范围的非财政收支业务
    - (2) 只进行财务会计处理的事项
      - ①不纳入部门预算管理的现金收支业务
      - ②不涉及现金收支的业务
      - ③受托代理的现金及应上缴、转拨、退回的资金
  - 国库集中支付业务
    - (1) 财政直接支付
    - (2) 财政授权支付 — 财政授权支付方式下，年度终了时，根据代理银行提供的对账单核对无误后注销零余额账户用款额度的余额并于下年年初恢复

政府及民间非营利组织会计

- 预算结转结余
  - (1) 财政拨款结转结余
    - ①财政拨款结转
    - ②财政拨款结余 — 因发生会计差错调整以前年度财政拨款结余资金的，按调整金额调整“资金结存”和“财政拨款结余（年初余额调整）”科目
  - (2) 非财政拨款结转结余
    - ①非财政拨款结转、非财政拨款结余、专用结余、经营结余、非财政拨款结余分配
    - ②年末应将“事业预算收入”科目本年发生额中的专项资金收入转入“非财政拨款结转（本年收支结转）”科目

民间非营利组织会计

- 特征
  - (1) 不以营利为目的
  - (2) 资源投入者不取得经济回报
  - (3) 资源投入者不享有所有权
- 基础 — 权责发生制
- 计量 — 历史成本、公允价值
- 会计要素（不包括利润和所有者权益）
  - (1) 反映财务状况 — 资产、负债、净资产
  - (2) 反映业务活动情况 — 收入、费用
- 会计报告 — 资产负债表、业务活动表、现金流量表
- 捐赠业务
  - (1) 捐赠承诺不满足非交换交易收入的确认条件，不进行确认
  - (2) 接受的劳务捐赠不予确认但应在附注中披露
  - (3) 如果捐赠方没有提供有关凭证，受赠非现金资产应以其公允价值（而非名义价值）作为入账价值
  - (4) 如果捐赠方提供了有关凭据（如发票、报关单、有关协议等）的，应当按照凭据上标明的金额作为入账价值；如果凭据上标明的金额与受赠资产公允价值相差较大，受赠资产应当以其公允价值作为其入账价值